Klaus Grözinger

GESTALTUNG VON PLAKATEN

Bruckmann KunstKultur

Herausgebeben in Zusammenarbeit mit

novum
FORUM FÜR KOMMUNIKATIONSDESIGN

Internationale Monatszeitschrift für Kommunikationsdesign

Der Autor:
Prof. Klaus Grözinger, geb. 1923,
Schriftlithographenlehre und Grafik-Design-Studium.
Lehrstuhl an der Werkkunstschule und der
Hochschule für Bildende Künste in Braunschweig.
Lehrschwerpunkt Plakate, damit zahlreiche,
auch internationale Anerkennungen und Aufnahme
in öffentliche Sammlungen. 1987 Einrichtung
der HBK-Plakatforschung, Ermittlung von
Optimierungsfaktoren speziell für Kleinplakate.
Selbständige Fortsetzung der Plakatforschung
nach der Emeritierung 1994.

Die Deutsche Bibliothek – CIP-Einheitsaufnahme

Grözinger, Klaus:
Gestaltung von Plakaten / Klaus Grözinger.
[Hrsg. in Zusammenarbeit mit Novum Gebrauchsgraphik,
internat. Monatszeitschr. für Kommunikationsdesign].
– Durchges. Neuaufl. –
München: Bruckmann KunstKultur, 2000
(Novum Praxis)
ISBN 3-8307-1262-6

© 2000 Bruckmann KunstKultur
in der SMG Stiebner Medien GmbH
Alle Rechte vorbehalten
Printed in Germany
ISBN 3-8307-1262-6

Inhalt

Einführung 6

Das Medium Plakat 10
Plakat, Wort und Bedeutung 10 – Plakate im öffentlichen Raum 12 – Plakattypologie 14 – Plakat und Farbe 15
Plakate und Anzeigen, ein Vergleich 16

Plakate und Wahrnehmung 18
Großes wirkt klein 18 – Plakate und Verkehrsschilder 20
Plakate im Entfernungstest 22 – Schrift und Wahrnehmung 26
Lichtkanten an Kleinplakaten 28 – Kleinplakate 30

Plakate in Qualitätsprüfungen 32
Prüfmethoden für Plakatgestalter 32

Über die Wirkung von Kleinplakaten 34

Rund um die Plakatierung 36
Die Plakatträgerflächen 36 – Plakate an Litfaßsäulen 38
Plakate an Großflächen 40 – Individuelle Plakatierung 44
Plakate in Leuchtvitrinen 48

Plakatherstellung, Material und Technik 50
Plakatpapier 50 – Druck und Druckfarbe 54 – Repro und Druckform 56

Checkliste einer Plakataktion 58

Plakatkriterien 60

HBK-Plakatgestaltung – ein Modell 62
Entwicklungsphase 62 – Piktogramme, eine Plakatbasis 64
Vom Rough zur Plakatierung 66

Plakat im Mediennetz 72
Gestaltungspraxis Mediennetz 72
Mediennetz, ein HBK-Lehrbeispiel 74

HBK-Plakatgalerie 78

Anhang 93

Einführung

Das Medium Plakat ist Bestandteil der Lehr- und Lernprogramme der Schulen, die Grafik-Design lehren. An der Hochschule für Bildende Künste Braunschweig (HBK) wurde ab Wintersemester 1987/88 das intensive Plakatstudium ergänzt durch die Einrichtung der HBK-Plakatforschung, einer einmaligen Institution an einer Kunsthochschule in Deutschland.

Gefördert wurde die Aktion von Museen in Braunschweig, von der Deutschen Städte-Reklame (DSR), Geschäftsstelle Braunschweig und von Unternehmen der Graphischen Industrie.

Die in empirisch-experimentellen Phasen und die unter Einsatz wissenschaftlicher Methoden gewonnenen Erkenntnisse wurden wiederholt öffentlich vorgestellt.

Auch in den Abschnitten dieses Buches werden bei den grundlegenden Erörterungen des Mediums Plakat, der Plakatwahrnehmung, der Qualitätsprüfung von Plakaten, des Plakatanschlags, der Plakaterstellung sowie der Plakatgestaltung die Wirkungszusammenhänge des gesamten Medien-Spektrums umfassend aufgezeigt.

Das Ergebnis dieser erneuten plakatintensiven Themenbearbeitung, die Erweiterung durch aktuelle Informationen und die Ergänzung durch Wort- und Bildzitate bringt Auftraggebern, Grafik-Designern, DTP/Lithostudios, Druckereien und allen anderen Plakatinteressenten neues oder ergänzendes Wissen.

Buntfarbe im Plakat ist und bleibt ein für Wahrnehmung und Informationsvermittlung psychologisch wichtiger, fast unverzichtbarer Gestaltungsfaktor. In diesem Buch kann die farbenbunte Plakatwelt nur in Grautönen vorgestellt werden.

Ein Themenschwerpunkt der Plakatforschung und -lehre und auch dieses Buches ist das Kleinplakat. Schon wegen ihrer Größe und ihrer Alleinstellung haben die Plakate an Großflächen und an Ganzsäulen bessere Wahrnehmungs- und Kontaktchancen als andere Plakatformate.

Als Obergrenze einer werbewirksamen Betrachtung kann man laut »Plakatwerbung in Deutschland« bei Großflächenplakaten (356 x 252 cm) eine Entfernung von 100 m annehmen! Die Flächenmaße eines DIN-A 1-Kleinplakates sind dagegen nur der

Einführung **7**

Links:
Die Menschentraube an einer Litfaßsäule in Berlin ist das Traumbild aller, die mit Plakaten zu tun haben: dem Plakatbesteller, Plakatgestalter und dem Plakatanschlag.
(Darstellung eines unbekannten Malers, ca. 1871)

Eine Plakatserie aus sieben DIN-A1-Einzelplakaten. Zur HBK-Plakatausstellung wurden die Plakate einzeln an Allgemeinstellen oder, wie abgebildet, als Serie an Ganzsäulen angeschlagen. Im Wettbewerb »Plakat des Monats« der Fachzeitschrift »Horizont« kam die Ganzsäule im Dezember 1987 auf den ersten Platz.
Entwurf: Klaus Grözinger, Herrmann Hoffmann, Corinna Senftleben, 1987.

1/18 Teil einer Großfläche, das sind exakt gemessen nur 59,4 x 84,1 cm.

Die kleinen DIN-A 1-Plakate haben es im Konkurrenzumfeld kleinteiliger Litfaßsäulen viel schwerer, Aufmerksamkeit der Passanten auf sich zu lenken. Forschungsziel war daher, die Problematik der »Kleinen« aufzudecken und die Voraussetzungen einer optimalen Gestaltung für eben diese »Kleinen« zu ermitteln. Denn: Auch die kleinen unter den Plakaten können dann groß herauskommen, wenn sie »richtig« gemacht werden.

Grundlagen zum »Richtigmachen« werden umfassend durch dieses Buch vermittelt. Vereinzelt sind auch von »außen« (siehe Quellenverzeichnis) sachkundige Hinweise und Empfehlungen in dieses Werk integriert worden, wie zum Beispiel aus »Plakatwerbung in Deutschland«:

»Die Forderung nach Einfachheit, Übersichtlichkeit und Einprägsamkeit zwingt den Gestalter, das Plakatmotiv auf schnell verstehbare Elemente zu reduzieren. Ob dabei Fotos, Illustrationen oder Typografie gewählt werden, entscheidet allein der Charakter der Werbeaussage.«

Prägnant sollten besonders die kleinen Plakate sein, denn die Straße ist keine Kunstgalerie, in der Plakate wie Bilder bewußt und in Muße betrachtet werden. Die Straße ist auch keine Lesehalle, in der man in Ruhe Texte studiert. Straße ist Hektik und Flüchtigkeit und nur flüchtige, kaum interessierte Blicke streifen die Säule und das eine oder andere angeschlagene Plakat. Da wird nur das wahrgenommen, was ins Auge springt und was den Gleichgültigsten unter den Passanten noch zum Hinsehen zwingt.

Weltweit gibt es Plakate oder plakativ aufgemachte Informationen. Die formalen Voraussetzungen sind sehr ungleich. Bei dem Stichwort »Plakat« haben allein die Deutschen die spontane Vorstellung einer plakatbunten Litfaßsäule. Plakate neben-, unter- und übereinander sind immer deshalb so paßgenau geklebt, weil, zum Vorteil für alle Beteiligten, seit 1964 im deutschen Plakatanschlag, geordnet nach DIN 683 (Deutsche Industrie-Norm), verfahren wird. In fast jedem Land der Europa-Union gibt es andere Plakatgrößen und schon gar keine DIN-Maße. Für eine europäische Plakatkampagne fehlen auch übereinstimmende Plakatmaße. Eine Annäherung gibt es bisher bei den City-Light-Postern.

Die in der HBK-Plakatgalerie vorgestellten Plakate sind fast ausnahmslos Erstlingsplakate von Grafik-Design-Studenten, die im vierten Studiensemester neben anderen Ergebnissen auch zum Plakaterfolg kommen wollten.

Alle hier gezeigten Plakate sind beispielhafte Plakaterfolge, denn sie alle wurden gedruckt und an allen 320 Litfaßsäulen in Braunschweig angeschlagen und der Öffentlichkeit präsentiert. Nur an der Säule kann letztendlich präzise festgestellt werden, ob das Gedruckte auch wirklich ein Plakat ist.

Diese Erstplakate von Lernenden sollten all denen Mut machen und eine Anregung sein, es doch selber zu versuchen oder es erneut zu probieren. Dieses Buch gibt ausreichend Grundlagen für erste Gehversuche und für weitere Schritte zum Plakaterfolg. Da sich das Buch an Profis und an Laien richtet, wurden umfassende Grundlagen vorgestellt. Wissende Fachleute mögen das tolerieren.

Drucken ist nicht nur eine reproduzierende Technik, sondern eine Gestaltungskomponente, die das Ergebnis entscheidend beeinflußt und das Aussehen, auch bei Kleinplakaten, abschließend bestimmt.

Wem der Braunschweiger piktogrammartige Plakatstil zu einseitig erscheint, der sei daran erinnert, daß wir der Meinung sind, daß auch mit anderen Stilmitteln wirkungsvolle Plakate entstehen.

Die University of Minnesota (USA) bat um Überlassung der gesamten HBK-Museumsplakate. An der Universität sind sie Lehr- und Studienbeispiele für den Plakatstil einfachster Form. Sie sind auch dafür ein Lehrbeispiel, wie auf nur kleiner Fläche mit nur geringem Budget wirkungsvolle Plakate entstehen.

Allen, die zum Gelingen dieses Buches beigetragen haben, sei herzlich gedankt. Gedankt sei besonders der HBK, die die Aktivitäten der Plakatforschung fördert und damit auch die Erarbeitung dieses Buches ermöglichte.

Es sei allen Mitgliedern der HBK gedankt, die in vorbildlicher, kollegialer Hilfe zu diesem Buch beigetragen haben, besonders Ulrich Becker für die zahlreichen Fotos und Albert Wasmus für alle Lithos zur Darstellung der HBK-Plakatgalerie.

Ein ganz besonderer Dank gilt der Dipl.-Designerin Claudia Albrecht, die die Grafiken beisteuerte, zum Abschnitt Wahrnehmung sachkundig fundierte Anregungen und Fakten einbrachte und die in jeder Hinsicht geholfen hat, das Werk in gegebener Frist zu erarbeiten.

Gedankt sei allen Urhebern und Institutionen, die großzügig Zitiererlaubnis für Wort- und Bildbeiträge erteilten und allen weiteren Förderern dieses Werks.

Um 1840 werden in London erstmals Männer gesehen, die Plakate durch die Straße tragen. Charles Dickens nennt sie »Sandwichmen«. So heißen sie noch heute.

Nicht zu übersehen!
Auch Preisangebote müssen ganz im Sinne der »Plakatgrundsätze« eine eindeutige,
unübersehbare plakative Sprache sprechen.

Das Medium Plakat

Plakat, Wort und Bedeutung

Das im Deutschen gebräuchliche Wort hat seinen Ursprung im Lateinischen »Plaga«, das heißt Platte, Blatt, Fläche.

Im Niederdeutschen wird, so erwähnt Hans Ludwig Zankl, das Wort »Plakat« bereits im 16. Jahrhundert für einen öffentlichen Anschlag verwendet.

Der Brockhaus weist auf die französische Herkunft »placard« hin, und das Lexikon der Kunst entdeckt »plaakaat« im Niederländischen.

Heutzutage spricht man im Französischen von »Affiche«, im Englischen von »poster«, im Italienischen von »Manifesto« und im Spanischen von »Cartel«. Eine gute Voraussetzung für eine gemeinsame Plakatsprache im Vereinigten Europa ist das noch nicht.

In der Fachliteratur und in verschiedenen Lexika gibt es gleichartige oder auch abweichende Beschreibungen.

Meyers Konversationslexikon von 1906 erläutert seinen Lesern, daß sich das Plakat von Paris aus in den letzten Jahren des 19. Jahrhunderts über alle kunstübenden Länder Europas und Amerikas ausbreitete und eine starke, etwas forcierte Blüte erlebte, Anfang des 20. Jahrhunderts aber bereits im Niedergang begriffen ist. Man ging dabei von dem Prinzip der japanischen Flächenmalerei aus. Eine möglichst einfache Darstellung, meist unter Beschränkung auf eine oder zwei Figuren, die sich von einem eintönigen Hintergrund in kräftigsten Farben schroff abheben, und ein möglichst kurzer Text in Buchstaben von auffallender Größe oder auffallender Form sind für die Ausführung moderner Plakate maßgebende Grundsätze, in deren Grenzen die künstlerische Individualität und die persönliche Laune den weitesten Spielraum haben.

Der Große Brockhaus erklärt noch 1956 im Band 9, das Plakat sei eine öffentlich angebrachte Anzeige. Man unterscheide das auf Papier gedruckte oder gemalte große Außen-Plakat (an Plakat-Tafeln, Plakat-Säulen, Fahrzeugen usw., auch umhergetragen) und das kleine Innenplakat (in Läden, öffentlichen Gebäuden, Verkehrsmitteln usw.), daneben auch das Dauerplakat (aus Blech oder Holz), oft in Verbindung mit Leuchtwerbung. Die werbende Absicht fast aller Plakate verlange, daß Text, Schriften, deren Vereinigung mit Bilddarstellungen, die Farben usw. für den Vorübergehenden auffällig, ansprechend, anziehend, leicht und schnell faßlich, einprägsam und überzeugend seien.

In Meyers Enzyklopädischem Lexikon liest es sich 1976 im Band 18 noch etwas differenzierter: »Das Plakat ist ein öffentlicher Anschlag behördlichen, politischen, kulturellen oder wirtschaftlichen Charakters. Im allgemeinen Lettern- und Bilddruck auf Papier oder ähnlichem Druckträger, angebracht an Mauern, Hauswänden, Zäunen, Anschlagtafeln oder -säulen (Litfaßsäulen) mit dem Zweck, die Aufmerksamkeit einer möglichst breiten Öffentlichkeit zu erregen. Das Plakat muß deshalb seiner Form nach auffällig, aus der Entfernung erkennbar und seinem Inhalt nach schnell erfaßbar sein.«

Das Lexikon der Kunst schildert 1984 in Band III, daß die Hauptcharakteristika des Plakates heute unter anderem die möglichst bruchlose Integration von Bild und Schrift in einer geschlossenen Komposition beziehungsweise beim schriftkünstlerischen Plakat ein übersichtliches, dem Leseprozeß förderliches typographisches Layout ist. Das Plakat muß die Aufmerksamkeit der Passanten auf der Straße erregen (Fernwirkung, Blickfang) und im Prinzip auf einen Blick erfaßbar sein. Weitere wichtige Aspekte sind: Aufforderungscharakter, Appell, Erinnerungswert, Originalität, Überzeugungsqualität.

Hans Ludwig Zankl meinte schon 1969 in seinem Buch »Erfolgreich Plakatieren« ganz lapidar: »Plakate sind großformatige Drucksachen auf Papier, die an Säulen, Tafeln und Flächen angeschlagen ...« – und in Vitrinen ausgehängt werden, müßte die Ergänzung heute heißen.

Plakate im öffentlichen Raum

Öffentlicher Raum, das ist Straße, Architektur mit ihren Fassaden und ihren wechselnden, aufreizenden Reklamebotschaften, das sind Flaggen, Transparente und Markisen über bunten, das Auge anziehenden Schaufenstern.

Öffentlicher Raum, das ist zu jeder Zeit Jedermanns Raum, ein Raum für alle die Gehenden, die Gefahrenen und die Fahrenden, die sich meist im Tempo 50 oder 60 an der Außenwerbung vorbei und vorüber an Litfaßsäulen und Plakaten bewegen.

Öffentlicher Raum, das sind Ampeln und Staus, das sind Straßenbahnen und Busse, Hörner und Blaulicht. Öffentlicher Raum, das sind im Ober- und im Untergrund die Geschäftigen und Gehetzten. An sie wenden sich Plakate, auch Kleinplakate.

Plakate müssen bei Tag und Nacht, bei jeder Witterung wie Hitze, Sturm, Regen und Schnee ins Gesichtsfeld »einbrechen«. Sie sollen im urbanen Umfeld die wahren Störer und optischen Konkurrenten zu allem sein, sie sind die Signale, die tägliches Allerlei auffällig unterbrechen. Sie vermitteln kontrastreich in Farben, Formen, in Text und Bild und mit allen Mitteln visueller Ästhetik Aktuelles, sie verbreiten Wunsch und Hoffnung. Plakate sind Vermittler zu anderen Lebensqualitäten und knüpfen Verbindungen zu Herkömmlichem und Künftigem, sie sind im öffentlichen Raum das Unverzichtbare.

»Ohne Licht, keine Sicht!«
Plakate sind lichtabhängige Medien:
Mehr als 4000 Stunden im Jahr haben wir Tageslicht, und ebenso viele leben wir bei künstlicher Beleuchtung im Dunkeln.
Die Grafik zeigt, wie lange künstliches Licht das natürliche Tageslicht ersetzen muß.
(Quelle: Stadtwerke Braunschweig)
Grafik: Claudia Albrecht

Plakatanschlagflächen, zum Beispiel die Allgemeinstelle, stehen nicht immer an gut ausgeleuchteten Plätzen und in gut einsehbaren Sichtschneisen. Künstliche Straßenbeleuchtung in verschiedensten Helligkeitsstufen beeinträchtigt daher Wahrnehmung und Wirkung auch der besten Plakate.
Bei »Nacht und Nebel« sind die starken unter den kleinen Plakaten immer noch zu sehen. Plakatschlappies, schon bei Tage von permanenter Bedeutungslosigkeit, sind ab Dämmerung absolute »Unplakate«.

Stunden Brenndauer (Quelle Stadtwerke Braunschweig)

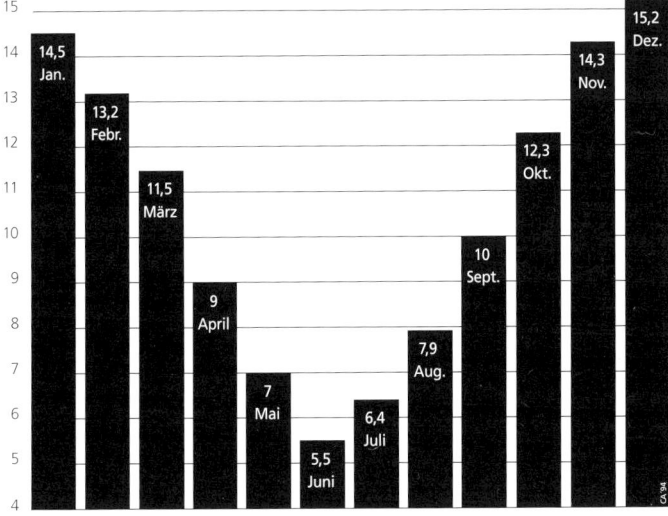

Plakattypologie

Plakatkategorien

Zur besseren Verständigung wurde die Plakatvielfalt nach Merkmalen gegliedert und in Plakatkategorien wie folgt aufgeteilt:
- nach Formaten und Größen, wie DIN A3, DIN A2, DIN A1
- nach Anzahl der Einzelteile bei mehrteiligen Plakaten, wie das 2/1-, 4/1-, 8/1-Plakat
- nach Inhalten und Veranstaltungsarten, wie Film-, Konzert-, Zirkus-, Sport-, Messe-, Festspiel-, Faschingsplakat
- nach Stilmitteln, wie das illustrative, das sachlich-informative, konstruktive, typografische Plakat
- nach Druckart, wie das Buchdruck-, das Offsetdruck-, das Siebdruck-, Steindruck- und Linolschnittplakat
- nach Art der Anbringungsfläche, wie das Säulen-, Großflächen-, Giebel-, Fenster-, Aufstell-, und Abziehplakat
- nach Konsumgütern, wie das Zigaretten-, Waschmittel-, Bier-, Schokoladen-, Eis-, Joghurtplakat
- nach nationalen Plakatstilen, wie das polnische, japanische, kubanische oder Schweizer Plakat
- nach Anzahl der Farben, wie das einfarbige, zweifarbige usw. Plakat
- nach den Plakatanteilen von Schrift und Text, wie Text-, Text/Bild-, Bild/Text- und Bildplakat.

Die Schrifttypen müssen fernsichtig und gut zu lesen sein, und das in Schwarz und Weiß, in hellen und in dunklen Farben.

Anziehungspunkt bleibt dabei die kräftige Überschrift, der »heiße« Slogan. Andere Texte im Plakat müssen in ihrer Schriftgröße noch bei 1 m Abstand gut zu lesen sein.

Schriftplakate

Die Schrifttypen sind das ausschließliche Gestaltungsmittel. Das Schriftspektrum ist so groß, daß, wenn es denn so sein soll, für jeden Inhalt genug ausdrucksfähige Schriften zur Verfügung stehen. Schriften, die mit ihrer Anmutung die Inhalte unterstützen, sind zwar originell, für Anzeigen noch geeignet, aber für Plakate (flüchtiger Blick, Fernsicht etc.) untauglich. Plakatschriften müssen in Form und Größe so sein, daß in wenigen Augenblicken die Botschaft übermittelt werden kann (siehe auch Kapitel »Schrift und Wahrnehmung«, S. 26).

Rahmenplakate

Rahmenplakate haben ein standardisiertes, konstantes, einheitliches Erscheinungsbild, gleichbleibend in Format, Farbigkeit, Typografie und auch in Bildteilen. Auch der Platz, an dem aktuelle Informationen eingesetzt werden, bleibt im Plakat konstant. Rahmenplakate sind in der Regel Veranstaltungsplakate, die unter anderem Konzerte, Theater, Vorträge, Versammlungen und Sportveranstaltungen ankündigen. Sie bleiben oft über viele Jahre unverändert und wirken dann schon etwas »angestaubt«.

Plakat und Farbe

Farbiger Plakatdruck ist seit Einführung der Farblithographie zum Ende des 19. Jahrhunderts möglich, also lange bevor es den farbigen Zeitungs- und Zeitschriftendruck gab.

Buntfarbe, neben Text und Bild das dritte Kommunikationselement, ist in Plakaten Signal und Schmuck, doch Farbe verbreitet vor allem Gefühlswerte und Atmosphäre, steigert die Aufmerksamkeit und Wahrnehmung in einem mit optischen Reizen überladenen urbanen Umfeld.

Buntfarbe lockt mehr und erzwingt eher das Hinsehen als dies den Unbuntfarben Schwarz und Weiß alleine möglich sein wird.

Mit Farben plakative Wirkungen zu erzielen, erfordert umfassende Kenntnisse der Farbkontraste, wie
– Buntkontrast
– Unbuntkontrast
– Komplementärkontrast
– Quantitätskontrast
– Helligkeitskontrast
– Kalt-Warm-Kontrast
– Intensitätskontrast
 u. a. m.,
die hier nur angeführt, aber nicht dargestellt werden können.

Buntfarbige Plakate lassen sich in zwei Arten herstellen:
1. Die Papiere, wie sie die Papierindustrie in einer reichen Farbpalette als Buntpapiere anbietet, werden mit Bild und Text in einem dunkleren Farbton, in der Regel jedoch mit Schwarz bedruckt.
2. Alle Plakatmotive und Elemente werden mit einer oder mehreren Buntfarben auf helle, meist weiße Papiere gedruckt.

So wertvoll Farbigkeit für die Plakatwirkung ist: Farbe kostet! Das einfarbige Plakat bleibt eben kostengünstiger als das mit vier Farben gedruckte. Mit einem nur zweifarbigen Druck lassen sich bereits farblich wirkungsvolle Plakate erzielen:
1. Schwarz plus eine Buntfarbe und ihre aus der Mischung entstehenden weiteren Farbtöne.
2. Eine Buntfarbe plus eine weitere Buntfarbe und die daraus entstehenden Mischtöne. Komplementärfarben sind hierzu besonders gut geeignet.

Alle Farbtöne können stufenweise vom Vollton 100% bis zum zartesten Tonwert 5% aufgehellt werden. Beispiel: die Schwarzweißabbildungen in diesem Buch. Alle Tonwerte der ersten mit allen Tonwerten der zweiten Druckfarbe gemischt ergeben bereits eine reiche Farbpalette. In der Druckindustrie und im Fachhandel sind zum Thema Farbe hervorragende Informationsschriften zu erhalten.

Im HBK-Plakatstudium werden kostensparend mit nur zwei, höchstens drei Mischtönen und den beiden Volltönen sehr kontraststarke farbige Plakatwirkungen erzielt.

Plakate und Anzeigen, ein Vergleich

Plakate und Anzeigen sind die bekanntesten Printmedien der Werbung, Informationsträger, die sich einerseits in Kampagnen ergänzen, aber ansonsten miteinander konkurrieren.

Eine Anzeige kann überblättert, Fernsehwerbung abgeschaltet werden. Plakate drängen sich fast ungehindert und permanent auf Straßen und Plätzen, in und an Gebäuden in den Gesichtskreis aller Passanten. Plakate sind Tag und Nacht auf »Eyecatching« aus, fast werden sie zwangsweise wahrgenommen.

Wenn in Kampagnen »Plakat und Anzeige« diese ungleichen Medien gleichartige Botschaften vermitteln sollen, wäre es richtig, wenn bereits in der Entwurfsphase die voneinander abweichenden, medientypischen Gestaltungsgesetze berücksichtigt würden. Es stößt daher in Fachkreisen immer wieder auf Kritik, wenn Anzeigen auf Plakatformate vergrößert werden.

Im folgenden wird in einer von Studenten im HBK-Studienprojekt Plakat erstellten und als Orientierungshilfe für Planung und Gestaltung gedachten Vergleichsstudie näher darauf eingegangen, warum es schwierig ist, Plakate und Anzeigen zum einen identisch, zum anderen medienspezifisch zu gestalten.

Plakat	Anzeige
Einzelkämpfer	Medien-Doppel
Ein Plakat – sonst nichts	Vereinigte Abhängigkeit Das Medium im Medium
Ein Nur-Medium ohne publizistische Funktion oder flankierende Begleitung: allein, sich selbst behauptend, abhängig nur von der Fläche, an die es geklebt und wieder überklebt wird.	Das Medium Anzeige wird in ein anderes Medium mit einem starken publizistischen Umfeld eingestreut. Medium Presse und Medium Anzeige sind eine aufeinander angewiesene, abhängige und nur so lebensfähige Sozietät.
Kostenfrei Plakatinformationen sind ohne Nutzungsgebühr für alle unentgeltlich.	*Nicht kostenfrei* Anzeigen werden »mitgekauft«. Anzeigenkontakt wird erst nach dem Erwerb möglich. Ausnahme: die Anzeigenblätter.
Informationsumfang Knappe Informationen. Text und Bild werden auf das Notwendigste reduziert und »plakativ« vorgetragen.	*Informationsumfang* Erweiterte Information durch Verkaufsargumente, Erläuterungen und spezielle Hinweise. Die Botschaft wirkt persönlicher.
Wirkungsort/Kontakt Im öffentlichen Raum, auf Straßen und Plätzen. Der Kontakt ist meist nur flüchtig.	*Wirkungsort/Kontakt* Einzelleser, meist im physisch wie psychisch abgeschirmten Raum und im direkten, engen Lesekontakt zum Medium.

Plakat

Größe
Die meßbare Größe ist im Verhältnis zur Anzeige groß und riesig. Die Erscheinungs- oder Wahrnehmungsgröße im Verhältnis zum urbanen Umfeld meist klein, oft winzig.

Wirkungsdauer
In der Regel eine Dekade = 10 Tage. Das Plakat wird dann wieder überklebt.

Reichweite
Kann alle erreichen und erreicht fast jeden.

Ablenkung
Ablenkung und Störung durch das urbane Umfeld und alle anderen plakativen Informationen.

Wahrnehmungsbedingungen
Betrachtungsabstand variabel.
Variierende Sehentfernung durch die Mobilität der Straßenpassanten. Passanten bewegen sich auf die Plakate zu oder an ihnen vorbei.
Wechselnde Abstände, wechselnde Ausleuchtung (z.B. Licht- und Schattenzonen) und wechselnde Aufprallwinkel, bedingt durch die unterschiedlichen Standorte.

Informationszugang
Zugang jederzeit für jeden möglich. Da Plakate in der Regel nur unbewußt wahrgenommen werden, werden sie leicht übersehen und gar nicht wahrgenommen. Niemand geht mit der Absicht auf die Straße, die »Tagesplakate« zu lesen, es sei denn, eine ganz bestimmte Information wird ganz bewußt gesucht.

Flächenquantität
Die Menge der Anschlagflächen ist durch behördliche Auflagen begrenzt, ihre Größen sind durch die DIN festgeschrieben.

Werbeumsätze 1998 nach ZAW (Zentralverband der deutschen Werbewirtschaft):
Plakate an Allgemeinstellen, Ganzsäulen, Großflächen, Vitrinen und Verkehrsmittelwerbung, gesamt
ca. 1.100,8 Milliarden.

Anzeige

Größe
Die meßbare Größe (im Verhältnis zum Plakat) ist klein, wird jedoch zum Beispiel als doppelseitige Anzeige im Verhältnis zum redaktionellen Umfeld als riesig empfunden.

Wirkungsdauer
Zeitungen in der Regel einen Tag.
Zeitschriften haben durch ihre Erscheinungsfristen – auch durch die Lesezirkel – die längeren Laufzeiten. Sonst auch unbegrenzt bis zur Zerstörung.»Auch nachdem in die Zeitung Heringe eingewickelt wurden, kann die Anzeige noch wirken.«

Reichweite
Erreicht jeweils nur die Leser des Presseorgans.

Ablenkung
Ablenkung durch die redaktionellen Beiträge, durch andere Anzeigen und das Leser-»umfeld«.

Wahrnehmungsbedingungen
Betrachtungsabstand konstant.
Leser verharrt ruhig bei gleichbleibendem Leseabstand von etwa 30 cm, gleichmäßiger Ausleuchtung und gleichbleibendem Aufprallwinkel des Auges.

Informationszugang
Zugang verdeckt und versteckt unter anderem im Zeitungs- oder Zeitschriftenpaket. Anzeigen werden auch leicht überblättert. Zugang jeweils nur für einen Leser möglich, der sich zu den Anzeigen »durchgearbeitet« hat.

Flächenquantität
Presseorgane können ihre Anzeigenteile nach Bedarf und Aufkommen erweitern.
Die Größe der Inserate wird durch Satzspiegel und Außenformat bestimmt.

Anzeigen in Tageszeitungen, Publikumszeitschriften und Anzeigenblättern, gesamt
ca. 12.145,5 Milliarden.

Plakate und Wahrnehmung

Großes wirkt klein

Plakate müssen wahrgenommen werden. Auch bei zunehmender Entfernung!

Mit Hilfe der abgebildeten Grafik erhalten Plakat-Interessenten – wie Auftraggeber und Gestalter – ein geeignetes Prüf-Instrument. Mit ihm werden die Plakatentwürfe bereits im Layout getestet und die Erkennungsentfernung des Plakates exakt ermittelt.

Selbstverständlich ist Wahrnehmbarkeit nicht alles, was Plakate erfolgreich macht, aber sie ist hierzu eine notwendige Basis. Mit ihrer Einbeziehung wachsen die Kontaktchancen. Optimal wird dann auch alles wahrgenommen, was phantasievoll, inspirierend, lebendig, kommunikativ und faszinierend im Plakat ist – und gesehen werden soll.

Ein Plakat (Originalformat DIN A1, 594×841 mm) bei verschiedenen Sichtweiten. »Unter Sichtweite versteht man im allgemeinen die zwischen Betrachter und seinem Sehziel gegebene Distanz«. (G. Gut) Damit unmittelbar wahrgenommene und abgebildete Größen übereinstimmen, muß beim Betrachten der hier dargestellten Plakatgrößen der Circa-Leseabstand von 30 cm eingehalten werden.

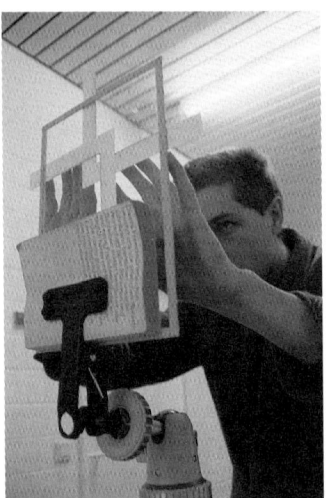

Mit Hilfe zweier Winkelblenden Feststellung der Erscheinungshöhe eines DIN-A1-Plakates bei einer Sichtweite von etwa 35 m.

Befindet sich der Betrachter in einer beliebigen Sichtweite zu seinem Sehziel Plakatsäule, entsteht ein optisches Bild (Erscheinungshöhe) auf seiner Netzhaut, das quasi vor dem Auge in normalem Leseabstand »gemessen« wird.
Grafische Darstellungen: Claudia Albrecht.

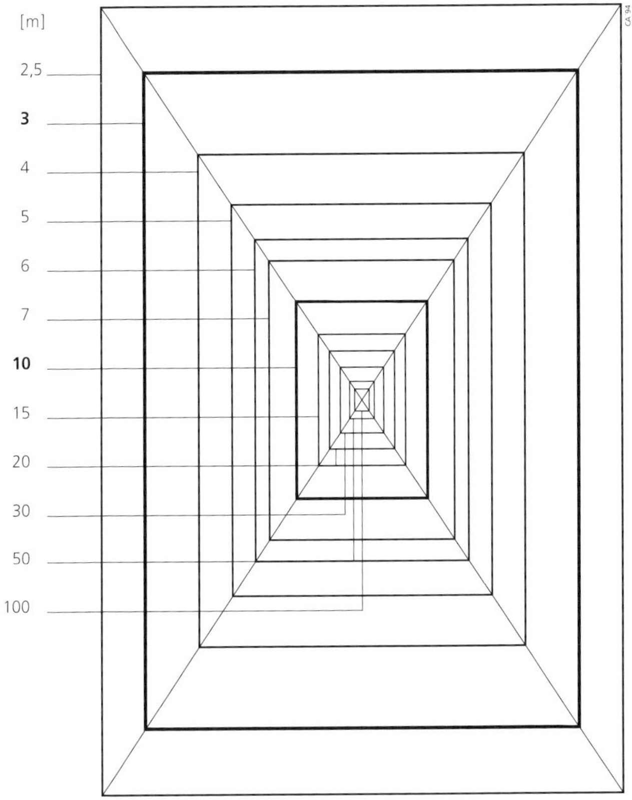

Plakate und Wahrnehmung **19**

[m]
2,5
3
4
5
6
7
10
15
20
30
50
100

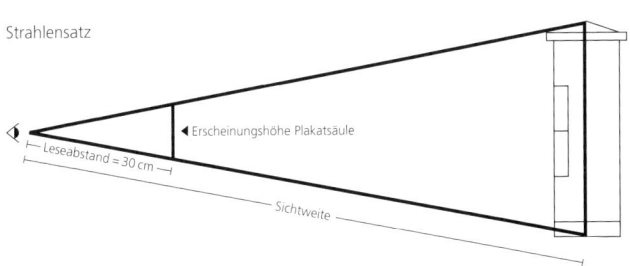

Strahlensatz

Leseabstand = 30 cm
Erscheinungshöhe Plakatsäule
Sichtweite

$$\frac{\text{Erscheinungshöhe Plakatsäule}}{\text{Originalhöhe Plakatsäule} = 382 \text{ cm}} = \frac{\text{Leseabstand} = 30 \text{ cm}}{\text{Sichtweite}}$$

Plakate und Verkehrsschilder

Capiello, der französische Plakatkünstler, wußte es bereits 1899: »Das Plakat darf sich nicht nur an den Fußgänger wenden, es muß auch den rasch vorbeisteuernden Autofahrer ansprechen.« Und das sind die heutigen Fakten etwa 100 Jahre später:

1. Kraftfahrer bewegen sich im Stadtverkehr etwa zehnmal so schnell wie die Fußgänger, das heißt sie erhalten im gleichen Zeitabschnitt ein Vielfaches an Informationen.

2. Der Fußgänger kann seinen Gesichtskreis beim Gehen voll ausschöpfen, der Kraftfahrer kann das nicht. Sein Gesichtskreis bleibt eingeschränkt durch seine schnelle Fortbewegung, ständige Konzentration auf den Verkehr und durch die Sichtbehinderungen aus dem Fahrzeuginneren heraus.

Der Verkehrsteilnehmer nimmt auf jeden Fall das wahr, was mit Erwartung gesucht wird (Verkehrsschilder), ansonsten befindet er sich im »Klappe-runter-Zustand«. Nur Signale können diese Klappe öffnen. Klein-Plakate sollten Signal-Qualität besitzen.

Für eine optimale Wahrnehmung und Wirkung sind für beide Straßenmedien – kurzlebiges 10-Tage-Plakat und dauerhaftes Verkehrsschild – noch folgende Positionen zu beachten:
- die unterschiedlichen Formatgrößen
- die Qualität der Standorte
- das jahreszeitlich bedingte Mobilitätsverhalten der Bevölkerung
- die Gestaltungsqualität der einzelnen Medien
- die Wetterverhältnisse zur Kontaktzeit
- die Dichte des Passantenverkehrs
- die Ablenkung durch andere aufdringliche visuelle Signale (z.B. andere Plakate).

Wenn Kleinplakate wie Verkehrsschilder phänomenal auffällig, gestalthaft prägnant, semantisch verkürzt und ästhetisch redundant sind, werden sie auch noch bei Tempo 50 gesehen.

Vergleich der Wahrnehmungsqualitäten von Verkehrsschild und Plakat entsprechend einer Sehentfernung von etwa 20–25 m. Nur prägnante Plakatformen sind bei dieser Entfernung noch gut zu erkennen.

Plakate im Entfernungstest

In einem systematisch durchgeführten Experiment »Wahrnehmungsgröße und Entfernung« wurden zwei Plakate und ein Verkehrsschild untersucht. Das einfach strukturierte Plakat »Apothekerwaage« hat auch bei zunehmender Entfernung keine Wahrnehmungsprobleme. Es ist eindeutig und ebensogut zu erkennen wie das zum Vergleich herangezogene Verkehrsschild. Das komplexer gestaltete Plakat »Geschichte aus der Erde« (unten) mit seiner reichen Fülle guter Einzeldarstellungen ist nur für Zufallsbegegnungen aus der Nähe von wenigen Metern geeignet.

Nur aus der Nähe betrachtet ist ein DIN-A 1-Plakat ein »großes Format«, im Verhältnis zu einer Litfaßsäule wirkt es bereits sehr klein und im Verhältnis zum Straßenumfeld eher winzig.

Nach grober Abschätzung der Bundesanstalt für Straßenwesen soll ein Verkehrsschild normaler Größe (hier 75×75 cm) von mindestens 70–120 m Entfernung lesbar sein. Sichert die Bundesanstalt für Straßenwesen durch Forschung und Normenausschüsse die optimale Wahrnehmungs- und Wirkungsqualität der Verkehrsschilder, ist eine Forschung mit annähernden Zielen für Plakate nach derzeitigem Wissensstand nicht bekannt.

Plakatforschung im Fotostudio.
Im Vergleich mit bekannten Objekten und deren Proportionen werden anhand von Modellen Wahrnehmen und Erkennen bei zunehmender Entfernung simuliert. Bei der Betrachtung der Abbildung ist der normale Leseabstand von etwa 30 cm erforderlich. Das Gesehene entspricht dann der realistischen Distanz des Betrachters zu seinen Sehzielen von etwa 100, 50, 30, 20 und 15 m, von links nach rechts.

24 Plakate und Wahrnehmung

Plakate im Entfernungstest

Plakate in Testreihen

Damit unmittelbar wahrgenommene und abgebildete Größen übereinstimmen, muß beim Betrachten der hier dargestellten Plakatgrößen der Circa-Leseabstand von 30 cm eingehalten werden.

Die Abbildung zeigt Plakatreihen (Originalformat DIN A1 594×841 mm), die verschiedene Entfernungen simulieren: 50, 30, 20, 15 und 10 m.

Kontrastschwache Exemplare und kleinteilige Plakate, die diese Qualitäten nicht aufweisen, sind schon bei einer Entfernung von etwa 10 m nicht mehr verständlich (s. Goya-Plakat).

Die Testreihe beweist es: Plakate, die einfach, übersichtlich und einprägsam gestaltet und auf schnell verstehbare Elemente reduziert wurden, sind wie Signale, die auch bei zunehmender Entfernung eindeutig wahrzunehmen und zu identifizieren sind.

Mit der Silhouette des Reiterstandbildes wurde versucht, das Plakat mit den Gestaltmitteln eines Verkehrsschildes zu entwerfen. Dieses DIN-A1-Plakat ist noch bei einer Entfernung von 70 m gut wahrzunehmen, was bei dem linken, mit Binnenzeichnung dargestellten Reiter nicht möglich ist.

Schrift und Wahrnehmung

Plakatbotschaften müssen in Text und Bild schnell übermittelt, mit einem Augenblick gesehen, gelesen und verstanden werden. Bilder haben es da leichter.

Bilder werden spontan erlebt, ihre Mitteilungsart ist unmittelbar und emotional.

Schrift und ihre Bedeutung müssen erlernt werden. Lesen macht Mühe. Plakattexte müssen daher sloganartig kurz sein, reduziert auf das Wesentliche, auf das, was auch mobilisierte Passanten sofort, spätestens bei der nächsten Säulenbegegnung, verstehen. Auch die Schrift und ihre Typografie müssen unter anderem in Schriftart und Schriftgröße den Plakatgesetzen folgen und auf große Entfernung mit ästhetischer Anmutung leicht und angenehm verständlich sein. Generell gilt das für alle Kommunikationsmodelle im öffentlichen Raum, für Großflächen, für Kleinplakate und Verkehrsschilder besonders.

»Der Text ist zu ordnen nach seiner Bedeutung und bestimmt die äußere Form des Ganzen. Große Schrift sagt das Wesentlichste, kleinere das, was sonst noch unumgänglich scheint. Gute, klare und leicht lesbare Schrift ist die Grundbedingung aller Außenwerbung. Sogenannte Kunstschriften können wohl den Blick des Passanten auf sich lenken, aber seine Gedankengänge knüpfen sich an das Schriftbild statt an den Inhalt des Gesagten. Solche Art Schrift nimmt zuviel Aufmerksamkeit für sich in Anspruch, die Form überwiegt den Inhalt, das Mittel den Zweck, die ›Kunst‹ drängt sich vor, und die Wirkung bleibt aus.« (Walter Dexel, 1925)

Exakte Grundlagen für Plakatschriften sind noch nicht bekannt. Die Buchstabenhöhe muß so sein, daß die Wörter noch aus einer Entfernung von 30–50 m auch fahrend erfaßt werden können. Beachtenswert sind daher Ruedi Rüeggs 1972 veröffentlichte Faustregeln:

Versalhöhe	maximale Lesedistanz
20 mm	10 m
40 mm	20 m
60 mm	30 m
80 mm	40 m
100 mm	50 m

Gesicherte Daten über Schriftgröße und Entfernung sind zur Zeit nur die Erkenntnisse, die die Bundesanstalt für Straßenwesen für die Beschriftung von Verkehrsschildern ermittelt hat, die auch für Plakatschriften gelten könnten. »Die Erfahrung lehrt, daß beschriftete Verkehrsschilder ihre Aufgaben erfüllen, wenn sie nach physiologischen, psychologischen, optischen, lichttechnischen und verkehrstechnischen Gesichtspunkten richtig bemessen und gestaltet worden sind.«

»Für die Schrift auf Verkehrsschildern ist in der Straßenverkehrsordnung die Normschrift nach den Deutschen Normen DIN 1451 vorgeschrieben.« – Autonummernschilder zum Beispiel sind mit 8 cm hohen Versalien und Ziffern gekennzeichnet, die noch aus 40–50 m Abstand gelesen werden sollen.

Schrift und Wahrnehmung   **27**

»Die Lesbarkeit des Verkehrsschildes ist
ausreichend, wenn seine Lesbarkeitsentfer-
nung so groß ist, daß es während der Fahrt
gelesen und verstanden werden kann, bevor
der Aktionspunkt erreicht ist.«
Das sollte auch für Plakate gelten!

Um die Lesbarkeit der »Times« als Plakat-
schrift zu testen, wurde die Kurzbezeich-
nung BLM des Braunschweigischen Landesmuseums in verschiedenen Größen, die bestimmten Leseentfernungen entsprechen, in
DIN-A1-Plakaten angebracht. Die Über-
prüfung mit Maßband und durch Augenschein im Freien an Litfaßsäulen ergab eine
eindeutige Erkennbarkeit der großen Type
(17 cm Höhe) noch bei einer Entfernung von
etwa 90 m. Das ist, zumindestens für die
»Times«, eine beachtliche Leistung, wenn
auch noch kein repräsentatives Ergebnis.
Da das BLM die »Times« seit 1985 als Haus-
schrift hat, lag es nahe, diese Schrift auf ihre
Plakateignung zu untersuchen.

Plakatsäule:
»M« = Marathonlauf in Frankfurt
Ein beispielhaftes Schriftplakat von
Prof. Olaf Leu.

Verkehrsschild:
Mit seiner ringsherum laufenden Lichtkante
hebt sich das Schild deutlich von seinem
Hintergrund ab. Es wird dadurch besser
wahrgenommen.

Lichtkanten an Kleinplakaten

Im Kunterbunt der allgemeinen Anschlagstelle werden regelmäßig die Plakate übersehen, die sich durch Kontrastarmut auszeichnen, sich zu sehr ähneln und sich daher optisch weder aus ihrem Konkurrenzumfeld noch aus ihrem Hintergrund lösen können.

Damit sie sich von allen möglichen unberechenbaren Hintergründen ihres Standorts deutlich abheben, erhalten Verkehrsschilder ringsherum eine weiße Lichtkante. Die Lichtkante ist bei einer normalen Schildgröße 15 mm breit.

Viele Kleinplakate sollten, wenn erforderlich und möglich, mit einer »Ringsherum-Lichtkante« geplant werden. Damit

Lichtkanten an Kleinplakaten   **29**

werden sie sich allseitig von ihren völlig unbekannten Säulennachbarn deutlich abgrenzen und hervorheben lassen. Auch nicht plakatgemäße und optisch etwas schwache Motive, wie sie sind – insbesondere bei Museen – häufig vorkommen, werden mit einer flankierenden Lichtkante von (mindestens!) 15 mm Breite »gestützt« und in wahrnehmbare Plakate umgewandelt.

HBK-Plakatforschung
Zwei Museumsplakate, optisch schwierig zu trennen, wurden zwecks systematischer Wahrnehmungsfeststellung an einer Allgemeinstelle im unbekannten Umfeld anderer Plakate angeschlagen.
Die Beispiele von links nach rechts zeigen Lichtkanten in den Circa-Breiten 20, 40 und 65 mm, Sehentfernung 15 m. Auch mit einer nur 15 mm breiten Lichtkante wird die Wahrnehmung eines Plakates erheblich verbessert. Bei größeren Breiten, ab etwa 90 mm, verselbständigt sich die Lichtkante. Sie wird unbeabsichtigt zur Plakatdominanten und damit optisch wichtiger als der Inhalt.

Kleinplakate

Kleinplakate sind ein schwieriges Medium. Plakate, die nicht gesehen und gelesen werden und nichts bewirken, sind vertane Zeit, Mühe und Geld. Sie sind der tägliche Papiermüll an den Säulen.

Ein 1/1-Kleinplakat, das ist nur $^{1}/_{12}$ Fläche der vom Passanten gesehenen Säulenseite, ein Winzling also. Dieser hat sich gegen die Reizfaktoren des öffentlichen Raums durchzusetzen, aber ebenso gegen seine unbekannte Säulenkonkurrenz:
– konkurrierendes Umfeld
– Plakate in gleicher Größe
– Plakate in doppelter Größe
– Plakate in vierfacher und in sechsfacher Größe.

Doch: Auch Kleinplakate können dann groß herauskommen, wenn sie, den Kriterien entsprechend, richtig gestaltet werden. Sie werden dann
– schneller gesehen
– schneller gelesen
– schneller verstanden
und sind so die Voraussetzung für eine schnelle, einprägsame und nachhaltige Wirkung.

In einem Experiment wurden absichtlich die kleinen DIN-A 1-Tierplakate gemeinsam mit Plaka-

Kleinplakate 31

ten gleicher Größe und den viermal so großen 4/1-Plakaten angeschlagen. Die Plakatqualität wurde durch Augenschein und per Farbfotos (hier nur in Schwarzweiß) im echten Umfeld der Straße geprüft.

Auch unter erschwerten Wahrnehmungsbedingungen wie
– zunehmende Entfernung
– schwindendes Tageslicht
– flüchtiger Sehkontakt, zum Beispiel aus dem fahrenden Auto,
blieb die Wahrnehmungsqualität voll erhalten.

Diese Dokumentation beweist es: Auch Kleine können groß herauskommen!

Vier Studienplakate für das Naturhistorische Museum Braunschweig aus dem Sommersemester 1992 in der Wahrnehmungsprüfung. Das Prüfungsverfahren wurde gemeinsam mit der Deutschen Städte-Reklame, Geschäftsstelle Braunschweig, durchgeführt. DIN-A1-Plakatentwürfe, alle 1992.
Schnecke: Sine Bergmann
Specht: Alexandra Lückermann
Salamander: Olaf Menke
Krebs: Patricia Müller
Die Integration der HBK-Plakatforschung in die laufenden Studienprojekte läßt immer wieder wirkungsstarke Plakate entstehen, die nicht zu übersehen sind.

Plakate in Qualitätsprüfungen

»Es ist ja oft so, daß die Kreativen davon überzeugt sind, daß bestimmte Wörter und Bilder vom Betrachter beachtet und aufgenommen werden. Aber leider verhalten sich die Konsumenten manchmal anders, als die Kreativen erwarten. Mit verhängnisvollen Folgen: Wenn wichtige Wort- oder Bildinformationen nicht aufgenommen werden, geht die ganze Werbewirkung zum Teufel.«
Prof. Dr. Werner Kroeber-Riel, Saarbrücken

Prüfmethoden für Plakatgestalter

Ob die Forschung absolut sichere Methoden zur Qualitätsermittlung von Plakaten bereithält, ist zur Zeit noch nicht allgemein bekannt. Andere Verfahren bilden aber schon jetzt ein hilfreiches Instrumentarium:

Das Tachistoskop
Über das Tachistoskop ermitteln die Forscher, wie schnell die Versuchspersonen die wesentlichen Gestaltungselemente eines Plakatmotivs erkennen, aufnehmen und verarbeiten.

Das Tachistoskop ist ein optisches Instrument zur Momentbeobachtung. Mit Hilfe eines Bildprojektors und sich schnell öffnender und schließender Blenden wird das Plakat in programmierten und zunehmenden Sekundenbruchteilen für den Probanden aufgeblendet. Es läßt sich hiermit feststellen, ob das Motiv bereits bei einem flüchtigen Blick von nur 200 Millisekunden erkannt oder der Text gelesen werden konnte. Gegebenenfalls zwingen die Testergebnisse den Gestalter, seinen Plakatentwurf zu korrigieren.

Die Fernsehkamera
Mit Hilfe von Fernsehkameras an ausgewählten Anschlagstellen beobachten und registrieren Marktforscher Passanten und kombinieren diese Beobachtungen oft mit Meinungsbefragungen.

Die Augenkamera
Augenkameras registrieren die Veränderung der Pupillen der Versuchspersonen beim Betrachten eines Plakates. Aus diesen Veränderungen lesen die Forscher ab, wie aufmerksam das Gesehene registriert wird. Einen zusätzlichen Effekt haben die Beobachtungen mit den Augenkameras für den Gestalter: Weil der Blick- und Wahrnehmungsverlauf des Probanden erfaßt wird, können wichtige und unwichtige Gestaltungsdetails ausgemacht werden.

Der Plakatprüfstand
Eine ganz wesentliche Frage beantwortet der Plakatprüfstand: Wie wirkt mein Plakat im Umfeld konkurrierender Anschläge? Das Verfahren: auf einer großen Anschlagfläche werden die verschiedensten Plakate angebracht, wobei Raum für das zu prüfende Plakat frei bleibt. An diese Stelle fügen die Untersucher die Plakatmotive, die untersucht werden sollen, ein und kontrollieren nun, wie sich die Text-Plakate gegenüber den konkurrierenden Anschlägen behaupten.

Die Blickwinkelprüfung

Plakate müssen so gestaltet sein, daß sie aus allen möglichen Blickwinkeln noch wirken. Bei den »Blickwinkelprüfungen« stellen die Forscher fest, ob der Plakatanschlag auch aus dem Blickwinkel von etwa 45 Grad noch gut erkennbar ist.

Das Polaritätenprofil

Weiterführende Bewertungen eines Plakates ermöglicht das sogenannte Polaritätenprofil, bei dem eine genügend große Anzahl von Versuchspersonen Aussagen vorgelegt bekommt, die sich diametral entgegenstehen.

Beispiele: Schön... häßlich..., zu bunt... zu farblos, gut lesbar... unlesbar. Die Probanden haben nun zwischen diesen Polen zu entscheiden, wobei sie allerdings wie auf einer Skala verschiedene Intensitätsstufen angeben können.

Auch dieser Text muß von speziell geschulten Interviewern durchgeführt und von Fachleuten ausgewertet werden, wenn die Werte den Plakatmachern und allen Plakatinteressenten sichere Aufschlüsse vermitteln sollen.

Pre-Test für Plakate

Unter dem Titel Live-Plakat-Test – entwickelt vom AWS-Außenwerbung-Service und dem Institut für Marketingforschung RMM, beide Hamburg – ist ein standardisiertes Instrument verfügbar, das es ermöglicht, ein Plakatsujet gegen Mitbewerbsplakate oder mehrere Plakatalternativen hintereinander abzutesten, ohne die Testsituation zu verändern.

Der durch Screening-Interview ausgewählten Zielgruppe wird als Einzelinterview ein Video-Film als Spaziergang durch eine Stadt ohne Hinweis auf das Thema »Plakat« präsentiert. Der Video-Film zeigt typische Stadtszenen mit scheinbar zufälligen Einblendungen von insgesamt 9 Großflächenstandorten. Dabei handelt es sich um bewegte – aber neutrale – Szenen, so wie sie jemand erlebt, der durch die Straßen einer Stadt geht.

Die Szenen sind so angelegt, daß sie auf der einen Seite noch die Aufmerksamkeit des Betrachters auf sich ziehen, andererseits aber auch nicht zu sehr vom Untersuchungsgegenstand ablenken.

Die Novität ist, daß es sich bei dem Film um einen Standardfilm handelt, in den mittels Videotechnik die Plakatsujets »eingeklinkt« werden. Dafür werden keine fertigen Plakate, sondern lediglich Layouts oder Dias benötigt, so daß die Plakat-Produktionskosten und die Kosten für die Plakatierung entfallen.

Modernste Videotechnik erlaubt es, daß trotz der nachträglichen Montage der Sujets ständig (natürliche) Bewegung vor den Plakatstellen ist. Dadurch wird die Aufmerksamkeit der Testpersonen von den Plakaten abgelenkt, was auch der realen Situation entspricht.

Sicherlich gibt es noch weitere Methoden, die Plakatgestaltung zu optimieren, die Kreativität der Gestalter auf Wirksamkeit abzuklopfen. Die hier erwähnten Verfahren werden jedoch am häufigsten eingesetzt.

Über die Wirkung von Kleinplakaten

Die HBK-Forschungsarbeit will auch den bewußten Umgang der Öffentlichkeit mit dem Plakat und dem Plakatanschlag ermitteln, das heißt: Mittel und Wege sind zu erarbeiten, die die Attraktivität des Mediums für die breite Öffentlichkeit steigern und dem Kleinplakat neue Interessentenkreise erschließen. Anlaß von Untersuchungen waren ein Vortrag, eine Ausstellung und eine Theateraufführung.

Durch Kleinplakate wurde in Verbindung mit anderen Medien wie Pressemitteilungen, Handzettel und Einladungsbriefe das Aktuelle angekündigt. Um die Medien zu ermitteln, die das Publikum auf die Veranstaltungen aufmerksam gemacht hatten, haben Besucher Fragebogen durch einfaches Ankreuzen ausgefüllt.

Die Befragung und die Auswertung wurden ohne ein die Ergebnisse stützendes oder sicherndes wissenschaftliches Netz durchgeführt.

Im Ergebnis kommt das Team zu dem Schluß, daß, entgegen der irrigen Auffassung, »über Kleinplakate könne man heutzutage das Publikum nicht mehr erreichen«, dieses Medium sehr wohl überzeugende Ergebnisse erzielt.

Die HBK-Befragungen

Die Plakat-Projektgruppe befragte 157 Besucher einer wissenschaftlichen Veranstaltung nach dem Werbemittel, das sie hergeführt hatte. Das Ergebnis:

$n = 157 = 100\%$

Plakate	38,4 %
Mündliche Mitteilung (Freunde, Bekannte)	36,5 %
Briefe (an Vereinsmitglieder)	15,6 %
Handzettel	9,5 %

Die positive Wirkung des Plakatanschlags an Allgemeinstellen beweist auch eine von der HBK-Forschungsgruppe initiierte 14tägige Besucherbefragung im Braunschweigischen Landesmuseum.

$n = 1368 = 100\%$

Presseankündigung	46,0 %
Plakate	37,6 %
Mündliche Mitteilung (Freunde, Bekannte)	17,2 %
Museumsprogramm	12,9 %
Zufällig vorbeigekommen (Eingangsschild)	12,9 %
Stadtprogramm	4,9 %
Aushang Schule/Uni	3,4 %
Ankündigung via Radio/TV	3,2 %

Schließlich noch das Ergebnis einer Besucherbefragung von Shakespeare-Aufführungen einer englischen Theatergruppe im Lessingtheater Wolfenbüttel.

$n = 430 = 100\%$

Mündliche Mitteilung (Freunde, Bekannte)	51,9 %
Plakate	25,5 %
Presseankündigung	8,4 %
Briefe (an Vereinsmitglieder)	7,8 %
Stadtprogramm	3,7 %
Handzettel	2,5 %

Sicher, das alles ist noch nicht repräsentativ und kein gültiger Beweis der Werbewirkung von Außenwerbung, nicht einmal von Kleinplakaten. Aber es ist doch ein bemerkenswertes Indiz dafür.

Über die Wirkung von Kleinplakaten **35**

Vortragsplakat 1987
Irisdruck; Abbildung zeigt die Schwarzweißausführung, Offset
Entwurf: HBK-Plakatprojektgruppe

Ausstellungsplakat 1988
zweifarbig, DIN A1, Offset
Entwurf: Frank Köhler/Oliver Hartmann

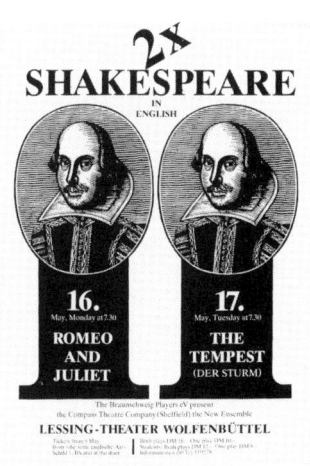

Theaterplakat 1988
einfarbig, DIN A1, Offset
Entwurf: HBK-Plakatprojektgruppe

Rund um die Plakatierung

»Ein Plakat ist eben erst ein richtiges Plakat, wenn es an einer öffentlichen Plakatanschlagstelle hängt und für eine Sache wirbt.«
Herbert Schindler

Die Plakatträgerflächen

Der geordneten kommerziellen Plakatierung begegnet der Straßenpassant vor allem an:
– Allgemeinstellen
– Ganzsäulen (auch beleuchtet)
– Großflächen (auch beleuchtet)
– City-Light-Postern (CLP),
– City-Light-Boards (CLB).

Allgemeinstellen – Säulen oder Tafeln – sind als »Zeitung der Straße« für alle und für alles da. Sie sind die klassischen Formen für Kino- und Theaterprogramme, Ankündigungen von Konzerten und Sportereignissen, für politische Propaganda sowie für Informationen kommunaler Einrichtungen, für Markenartikelwerbung, Dienstleistungen aller Art und für den vielfältigen Einzelhandel.

Allgemeinstellen sind gleichmäßig wie ein Netz über das ganze Stadtgebiet verteilt, stehen also auch in Wohngebieten.

Ganzsäulen stehen als »Rundumtalent« an Brennpunkten der Städte, in Zentren des Einkaufs und in allen anderen Stadtgebieten. Sie sind jeweils einem Werbungtreibenden vorbehalten. Von welcher Seite man auch auf die Ganzsäule zugeht, die Werbebotschaft wird immer gesehen.

Großflächen sind für Plakate im Großformat vorgesehen. Die Flächen sind wie Ganzsäulen nur für jeweils einen Werbungtreibenden. Standorte sind die großen, belebten Straßen, Gewerbegebiete sowie in Stadtzentren.

City-Light-Poster sind einteilige, beleuchtete Vitrinenpakete in verglasten Fahrgastunterständen des öffentlichen Nahverkehrs oder in Informationsanlagen, deren eine Seite der Werbung, die andere der Stadtinformation dient. CLPs, über das ganze Stadtgebiet verteilt, stehen meist quer zur Fahrtrichtung an optimalen Standorten mitten im Verkehrsgeschehen, im Innenstadtbereich und in vielen Fußgängerzonen. Die Plakate sind durch Glas geschützt. Mit ihrer Durchleuchtung wird eine brillante Wirkung und ein hoher Aufmerksamkeitswert erreicht. Das Format ist 175 x 118,5 cm.

Das City-Light-Board ist ein durchleuchtetes Großflächenplakat in einer Plakatvitrine an stark befahrenen Verkehrsadern und Plätzen. Es ist besonders für eine hochwertige Präsentation geeignet. Teilweise sind CLBs mit einer Mehrfachwechselanlage ausgestattet.

Plakate im Wildanschlag an Bäumen, Masten, Zäunen, Telefonzellen, Aggregatkästen und Denkmälern verunstalten unsere Umwelt und werden weiterhin als Sachbeschädigung angesehen.

Für politische Plakate ist als Impressum gesetzlich vorgeschrieben: Name und Wohnsitz von Verfasser oder Herausgeber und von der Druckerei.

Die Plakatträgerflächen **37**

Plakate an Litfaßsäulen

Eine Litfaßsäule hat in der Regel eine Höhe von 360 cm und einen Umfang von 380 cm. Die Säule ist aus Beton gefertigt. Die Oberfläche wird vor dem Plakatieren mit geeignetem Papier »unterfüttert«.

Die Litfaßsäule wird als Allgemeinstelle oder als Ganzsäule genutzt.

Plakatformate sind in Deutschland nach DIN 683 genormt. Das DIN-A 1-Format (594 x 841 mm) ist das Grundformat in Hoch- oder Querlage. Durch Teilung oder Vervielfachung des Grundformates entstehen alle anderen Plakatformate. Außerhalb Deutschlands gibt es in fast jedem europäischen Land Plakatflächen mit anderen Maßen, anderen Plakatformaten und anderen Klebezeiten. Der Plakatanschlag im Zeichen europäischer Kleinstaaterei! Ausnahmen sind City-Light-Poster (CLP), mit ihren zwar abweichenden, in Europa aber annähernd gleichen Formaten.

DIN A 1 ist das kleinste Format, das man empfehlen kann. Größere Formate sind natürlich auffallender. Das DIN-A 1-Format wird von den Fachleuten als »1/1-Bogen« (sprich: Ein-Eintel-Bogen) bezeichnet. Die Verdoppelung heißt 2/1-Bogen, die Verdreifachung 3/1-Bogen usw.

Das 8/1-Bogen-Format ist das größte, das an eine Allgemeinstelle zur Zusammenstellung eines Plakatmotivs geklebt werden kann. Es ist 1,10 m breit und 3,36 m hoch.

Häufig wird das 6/1-Plakat verwendet, 252 x 119 cm, was sich hervorragend für die Allgemeinstelle, die Ganzsäule und für die Großfläche eignet.

Bei zwei- und mehrteiligen Plakaten, die von oben nach unten geklebt werden, müssen Überlappungen an der Unterkante vorgesehen werden.

Schon bei zweiteiligen Plakaten werden immer an der Unterkante des Oberteils etwa 15 mm überlappt, da die Plakate grundsätzlich von oben nach unten angeschlagen werden.

Bei mehrteiligen Plakaten muß die Unterteilung bereits beim Entwurf berücksichtigt werden. Teilungsschnitte sollten kleinere Schriften und besondere Bildelemente (z.B. eine Augenpartie) nicht trennen.

Die Laufzeit einer Plakatierung ist in der Regel eine Dekade, das sind 10 oder 11 Tage, jedoch bei CPLs nur 7 Tage. Es können auch längere Zeiten vereinbart werden.

Berechnet wird nach Tagen und Plakat-Größen (Bogen). Grundlage ist der »Bogentagpreis« = die Kosten für das Anschlagen eines Plakates, z. B. eines 1/1-Bogens, an einem Tag und an einer Stelle.

Ein 2/1-Bogen-Plakat kostet das Doppelte, ein 3/1-Bogen das Dreifache usw.

Bei Plakaten für den Allgemeinen Anschlag ist zu beachten, daß zur besseren Verbindung der Papiermäntel überlappend mit etwa 15 mm Breite geklebt wird. Texte sollten deshalb nie bis an den Plakatrand sondern nur mit ausreichendem Abstand plaziert werden.

Plakate an Litfaßsäulen

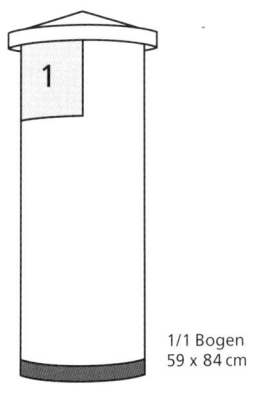

1/1 Bogen
59 x 84 cm

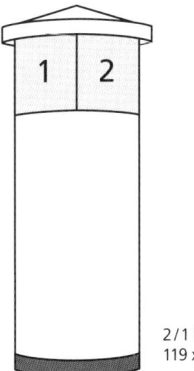

2/1 Bogen
119 x 84 cm

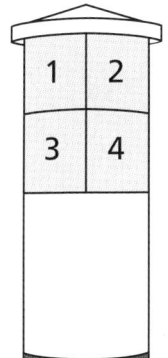

4/1 Bogen
119 x 168 cm

6/1 Bogen
119 x 252 cm

8/1 Bogen
119 x 336 cm

Verschiedene Plakatgrößen.
Die Maße aller Anschlagbogen ergeben sich aus der DIN 683.
Grundmaß ist der DIN-A1-Bogen 594×841 mm, das ist der 1/1-Bogen. Alle größeren Bogenflächen ergeben sich aus dem Mehrfachen der Grundgröße.
Die Benennungen der größeren Bogen, wie zum Beispiel 2/1-Bogen, 4/1-Bogen werden stets von der Grundform 1/1 = DIN A1 abgeleitet.
Grafik: Claudia Albrecht

Plakate an Großflächen

Großflächen sind 356 cm breite und 252 cm hohe Plakattafeln. Da sie einer Flächengröße von 18 DIN-A1-Bogen entsprechen, heißen diese Plakate 18-Bogen-Plakate.

Mehrteiliges Plakat

Ein 18/1-Bogen-Plakat kann in 8 Druckbogen im Hochformat oder in 9 Druckbogen im Querformat hergestellt werden. Seit 1983 gibt es auch die 6er-Teilung, für die die Bogen gefalzt anzuliefern sind. Die (Faser-)Laufrichtung muß bei allen Bogen gleich sein.

Der Druckbogen eines Plakates soll nicht größer als DIN A0 beziehungsweise 89×126 cm (bei der 8er-Teilung eines 18/1-Bogen-Plakates) sein, weil die meisten Falzmaschinen größere Formate nicht verarbeiten und beim Plakatieren Schwierigkeiten auftreten können.

18/1-Bogen-Plakate werden von links nach rechts und von oben nach unten geklebt. Überlappungsränder müssen also rechts und unten vorgesehen werden.

Großflächen können in beliebiger Anzahl, also auch einzeln, angemietet werden.

Sie werden als Ganzes belegt, können aber auch mit kleineren Plakaten in beliebiger Anordnung beklebt oder selbst bemalt werden. Die Laufzeit beträgt auch bei der Großfläche 10 oder 11, manchmal 14 Tage. Längere Laufzeiten und Dauerbelegungen sind möglich. Die Basis der Berechnung ist der Preis pro Tag und Fläche.

Die Großfläche ist eine typische Nachkriegserscheinung. Nach Willy Klemz waren es Dr. Grupe und Dr. Goldschmidt, die die Idee hatten, an Ruinengrundstücken aufgestellte Bretterzäune, die die Straßenbenutzer vor Gefahren bewahren sollten, als großflächige Plakatwände zu vermarkten. Diese Idee wurde erstmals 1951 in Hamburg realisiert. Es fanden sich schnell Unternehmer, die die große Nachfrage, besonders der Markenartikelindustrie, zu nutzen verstanden. Waren es 1966 noch 31 235 Großflächen, so ist ihre Anzahl bis 1993 auf 229 114 gewachsen.

Die neun Quadratmeter großen Plakate wenden sich bewußt nicht nur an den Fußgänger, sondern an mobile und daher besonders flüchtige Betrachter. Großflächen stehen vorwiegend an belebten Ausfallstraßen und in gewerblichen Gebieten, weniger in Stadtzentren. Je nach Motiv liegt die werbewirksame Wahrnehmungsgrenze bei einer Sehentfernung von etwa 100 m.

Großflächen.
Oben Großfläche in 8er-Teilung, unten in 9er-Teilung. Die in den Formatabbildungen eingedruckten Ziffern geben die Anzahl der Druckbogen und die Reihenfolge der Klebung an. Die gestrichelten Linien kennzeichnen die 15 m breiten Überlappungen.
Grafik: Claudia Albrecht

Plakate an Großflächen **41**

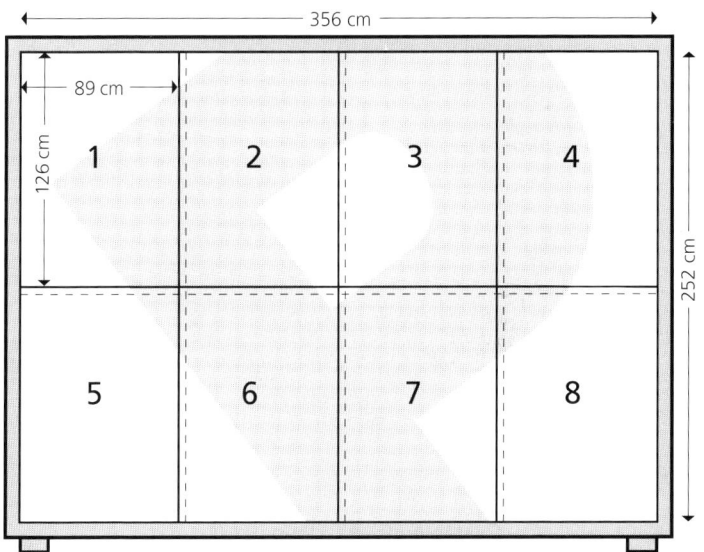

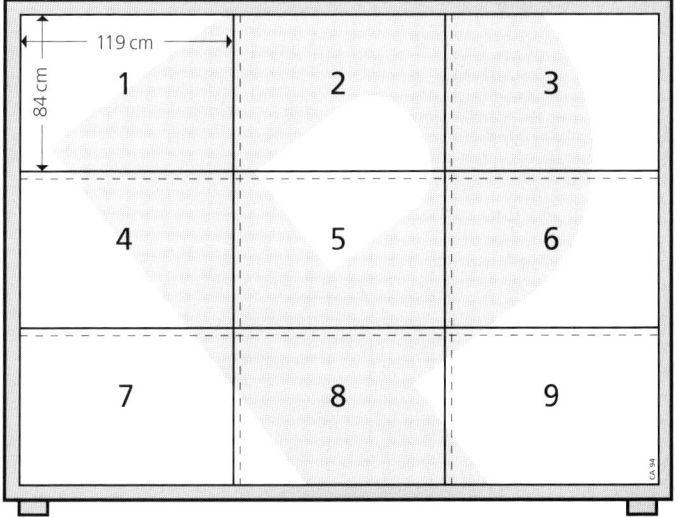

Verpackung
Plakate mit den Druckbogenformaten bis 89×126 cm sollten plan angeliefert werden. Gerollte Plakate erschweren das Falzen. Mehrteilige Plakate sind nach Teilen gestapelt, in der numerischen Folge und seitenrichtig verpackt, anzuliefern. Bereits zusammengetragene Plakate erschweren dem Anschlagunternehmen die Arbeit.

Ersatzplakate
Als Ersatzmenge 10 bis 15 % mitversenden. Bei kleinen Stückzahlen je Versandanschrift bitte aufrunden.

Lieferung
Die Anlieferung muß »frei Haus« erfolgen, und zwar mindestens sieben Tage vor Anschlagbeginn bei der vorgeschriebenen Versandanschrift.

Sendungen bitte mit der Versandvorschrift »Zustellgebühr vom Absender bezahlt« aufgeben.

Klebevorlagen
Klebevorlagen sind verkleinerte Abbildungen für 18/1-Bogen-Plakate. Sie sollten die Teilungslinien und die Nummern der Druckbogen enthalten.

Anschlagpraxis
Zunächst müssen die eingehenden Plakatsendungen sortiert werden, und da im Durchschnitt pro Termin 15 bis 20 verschiedene Plakatmotive aushängen, sind – je nach Größe des Unternehmens – zwischen 3000 und 20 000 Plakate nach folgenden Kriterien zu sortieren

– nach Klebeadresse,
– nach Klebetermin und
– nach Plakatmotiven,
damit der Plakatanschläger später weiß, welches Plakat auf welche Tafel oder Säule gehört.

Die Plakate müssen für den Anschlag handhabbar gemacht werden. Viele Plakate bestehen aus mehreren Teilstücken, die maschinell auf ein handliches Format gefalzt und in eine Reihenfolge gebracht werden, um die Teile an den Flächen korrekt anzubringen, ohne nachsehen zu müssen, welches Teil an welches gehört. Trokken können die Plakate nicht angebracht werden; das Papier ist dafür zu dick, die Farben der zu überklebenden Plakate stoßen unter Umständen den Leim ab. Das Plakat würde Falten werfen oder wieder abfallen. Deshalb müssen die Bogen eingeweicht werden. Mit Wasser getränkt lagern die Plakate eine Nacht ab. Erst wenn die Bogen völlig durchgeweicht sind, sind sie klebefertig.

Geklebt wird mit einem Spezialkleister, der witterungsbeständig ist und insbesondere bei Regen nicht wieder aufweicht. Dieser Kleber wird in Pulverform geliefert und vor Gebrauch mit Wasser angerührt.

Plakatanschlag.
Der Plakatanschläger verrichtet seine Arbeit meist in den verkehrsruhigen Zeiten der Nacht oder in den frühen Morgenstunden, und das bei jeder jahreszeitlich bedingten Witterung.

Individuelle Plakatierung

In den letzten Jahren wurden Litfaßsäule und Plakatgroßflächen für eine individuelle und unkonventionelle Einzelflächengestaltung entdeckt, die gerne und zunehmend von Künstlern und künstlerischen Laien in Anspruch genommen wird. Bei besonderen persönlichen oder stadtbezogenen Anlässen, wie Geburtstagen, Jubiläen, Stadtteilfesten, aber auch aus kommerziellen Gründen, können Litfaßsäulen oder Großflächen für bestimmte Zeiten gemietet werden. Ansonsten mit Wirtschaftswerbung bedeckt, werden sie Träger ganz persönlicher Botschaften. Oma, Opa, Onkel, Tante und andere Anverwandte sehen ihre festlichen Anlässe auf Litfaßsäulen dokumentiert. Verliebte senden zärtlich abgefaßte und gigantisch aufbereitete Liebesgrüße per Großfläche, Wohnungssuchende suchen mit »Litfaß« ein Unterkommen, kleine politische Gruppen manifestieren sich groß in plakativen Protesten, Schulklassen beweisen vereint ihr Gestaltungskönnen bei zielgerichteten Umweltappellen.

Auch wenn diese »Hausgemachten« nicht immer höchstes Plakatniveau beweisen: Sie sind unbekümmert originell und fallen auf. Nur wenige Zeitdokumente können die Stimmung so hautnah vermitteln, wie es diese individuell gedachten und gemachten Plakatflächen vermögen.

In Beratungsgesprächen mit Anschlagunternehmen und Herstellern werden Art, Anzahl, Standorte, Ausführungstechnik, Termine und die Kosten festgelegt, sowie die Anzahl der erforderlichen DIN-A0-Bögen und ihre Klebefolge bestimmt.

Die Ausführungen sind manuell, mittels Fotokopien oder digitalem Druck möglich. Der Plakatanschlag erfolgt immer im Naßklebeverfahren.

Gestaltung an Ort und Stelle

Das Anschlagunternehmen wird die gemieteten Flächen mit einer weißen oder auf Wunsch auch mit einer farbigen Ganzbeklebung vorbereiten. Der Entwurf kann dann an Ort und Stelle ganz individuell mit wasserfesten (!) Materialien in jeder geeigneten künstlerischen Technik ausgeführt werden.

Gestaltung im »Atelier«

In einem geeigneten Raum wird der Entwurf auf die erforderlichen DIN-A0-Einzelbögen übertragen. Hierzu werden die Einzelbögen auf einer großen Fläche ausgelegt, die Bogenüberlappungen werden an der rechten und der unteren Kante markiert und die Bögen in der Klebefolge numeriert. Per Handvergrößerung, etwa mit einem Gitternetz oder per Projektionen mit Dia oder

Geburtstagsglückwunsch an der Litfaßsäule. Diese Säule wurde auf einzelnen DIN-A0-Bogen (84×119 cm) im Atelier vorbereitet. Entwurf und Ausführung: Patricia Müller und Christina Storch (1993)

Individuelle Plakatierung **45**

Episkop, wird der Entwurf übertragen und mit wasserfesten Materialien ausgeführt. Dem Anschläger wird ein verkleinerter Entwurf als Ansichtsmuster mitgegeben.

***Plakatanschlag
mittels Fotokopien***
Schwarzweißfotokopien auf 110-g-Papier sind zur Herstellung von Ganzsäulen- und Großflächenplakaten und Einzelplakaten möglich. Wegen des dünnen Papiers ist eine Beratung beim Anschlagunternehmen unbedingt erforderlich.

Ausgangsformat ist für jede DIN-A0-Teilfläche das Format ab DIN-A 3 als Aufsichts- oder Durchsichtsvorlage. Diese werden mit einem Großformat-Scanner digitalisiert und über den Laserprinter mit 400 dpi ausgegeben. Großformatige Farbkopien werden mit Inkjet-Verfahren hergestellt.

Bei einem DIN-A 1-Plakat ist nur ein Kopiergang erforderlich.

Halbtonvorlagen wie Fotos sind in Rasterweiten von 32 l/cm oder 76 lpi anzulegen. Große Volltonflächen sind auch bei reinen Strichvorlagen zu vermeiden.

Plakate im digitalen Farbdruck
Digitaler Farbdruck auf 120-g/m²-Papier ist unter anderem zur Herstellung von Ganzsäulen- und Großflächenplakaten sowie für City-Light-Poster und Einzelplakate geeignet. Größte Ausdruckfläche ist 1,32 m breit und etwa 20 m lang.

Am Mac oder PC wird mit Text, Grafik, Fotos und Farbe die endgültige Gestaltung entworfen, auf Datenträger gezogen und dem digitalen Farbdruck zur Produktion übergeben.

In nur einem Arbeitsgang und ohne langwierige Film-, Repro- und Druckverfahren erfolgt die farbige Übertragung mit einer hohen Auflösung bis zu 720 dpi direkt auf das Endformat.

Auch im Digitaldruck sind Witterungsbeständigkeit und Lichtechtheit der Farben für die übliche Anschlagzeiten die selbstverständlichen Materialeigenschaften.

Der Grafik-Designer Kay-Uwe Rohn in Braunschweig verkündete bereits die Geburt seiner Tochter Marie Friederika via Großfläche. Die Abbildung oben ist ein Beispiel zu ihrem 2. Geburtstag, 1990. Großfläche 356 x 252 cm. Werkgerechter Naßanschlag der 72 Fotokopien, alle auf DIN-A3-Bögen.

Im digitalen Farbdruck, kurz Digiprint genannt, lassen sich auch Großflächenplakate in geringer Auflage kurzfristig und zu günstigen Konditionen herstellen. Zur Bundestagswahl 1998 wurden durch eine Bürgeraktion 14 Großflächenplakate als Digiprints erstellt und angeschlagen. »ja zur Wahl« war ein parteineutraler Appell an Wahlbürger mit einem JA positiv zur Wahl zu stehen und aktiv an ihr teilzunehmen. Der Autor hatte die Idee, lieferte den Entwurf und steuerte die Aktion, die in Braunschweig von der Deutschen Städte-Reklame, vom Beyrich-Digitaldruck und der Waisenhausdruckerei gefördert wurde.

Individuelle Plakatierung **47**

Plakate in Leuchtvitrinen

Vitrinenplakate werden nicht angeklebt, sondern trocken in Haltevorrichtungen hinter schützendem Glas angebracht. Sie müssen in einem Stück gedruckt werden, um eine unterbrechungsfreie Durchleuchtung zu gewährleisten.

Vitrinenplakate weichen von den üblichen DIN-Formaten ab. Zwar wird seine Größe häufig 4/1-Bogen-Vitrinenformat genannt, tatsächlich ist es aber kein echtes 4/1-Plakat (119×168 cm). Das Format hat die Maße 120×176 cm.

Da die Maße der sichtbaren Vitrinenflächen bei den verschiedenen Aufstellern unterschiedlich sind, ist darauf zu achten, daß wichtige Bildteile oder Texte nicht zu nah am Plakatrand stehen, da sie verdeckt werden könnten.

Sichtbare Fläche
bei Abribus   116 ×171 cm
bei Citylightposter   115 ×172 cm
bei City-Line   115 ×171 cm
bei Deutsche Eisen-
 bahn-Reklame   116 ×172 cm
bei Mobildisplay   116,5×171 cm
bei SCW   115 ×172 cm

Einige (unverbindliche) technische Daten. Genaue Informationen, besonders über die Grundreproduktionen, sind bei den Spezialdruckereien zu erfragen.

Papierformat: 120×176 cm – einteilig

Druckformat (gleichzeitig beschnittenes Endformat): 118,5×175,0 cm

Material: 135 g/m² matt weiß gestrichenes Offsetpapier in Sonderanfertigung für Vitrinen-Durchleuchtung

Druck: Offset- oder Siebdruck

Farben: Spezialfarben für Aufsicht und Durchleuchtung mit Lichtechtheit 6–8 nach Woll-Skala, siehe Seite 54.

Siebdrucke sind um ein Vielfaches lichtbeständiger als Offsetdrucke, so daß Einsätze über mehrere Dekaden auch im Sommer ohne Farbveränderungen möglich sind.

Durch den Vitrinenrahmen werden von den vier Plakaträndern etwa 2 cm abgedeckt, so daß die Sichtfläche etwa 116×172 cm groß ist. Soll der Eindruck eines »angeschnittenen Bildes« erzielt werden, muß das Druckbild etwa 119×174 cm groß sein.

Wenn das Plakat ringsherum einen weißen Rand haben soll, darf dieser nicht zu schmal sein. Je schmaler der Rand, desto stärker sind kleine Unregelmäßigkeiten bemerkbar. Empfehlenswert ist eine Randbreite von mindestens 5 cm innerhalb der Sichtfläche.

Die als Ganzes in einem Bogen gedruckten Plakate sind ungefaltet anzuliefern.

Beleuchtete Plakatvitrinen sind in verglasten Fahrgastunterständen an Bus- und Straßenbahnhaltestellen oder Stadt-Informationsanlagen, deren eine Seite der Wirtschaftswerbung, die andere städtischen Informationen dient.

Plakate in Leuchtvitrinen **49**

Plakatherstellung, Material und Technik

»Bis ein Plakat dem kritischen Blick des Passanten ausgeliefert werden kann, ist seine Herstellung ein kollektiver, handwerklicher Akt.«
Adolphe Mouron, genannt A.M. Cassandre.

Die Herstellung der Plakate, die erforderlichen Materialien und notwendigen Techniken werden hier intensiv und grundlegend erörtert. Plakatentwürfe, die reproduziert und in größerer Anzahl angeschlagen werden, werden in verschiedenen technischen Prozessen realisiert.

Beschrieben werden die für den Plakatanschlag geeigneten Papiersorten und Druckfarben sowie die moderne Druckformvorbereitung und die dazugehörenden Voraussetzungen.

Selbstverständlich ist immer die Idee der Auslöser zur Visualisierung des Plakatgedankens. Aber nicht nur! Entwerfer sollten über ein sicheres, aktualisiertes Wissen aller technischen Prozesse verfügen, um bereits in der ersten Kreativitätsphase, besonders auch unter Berücksichtigung des verfügbaren Budgets, richtige Entscheidungen zu treffen. Auch für diesen Abschnitt wurde, um die Informationen auf den gegenwärtigen Stand zu bringen, ergiebig recherchiert. Die Fachleute gaben bereitwilligst Auskunft. Allen Plakatgestaltern seien die kosten-, zeit- und ärgersparenden Fachinterviews bereits in der Layoutphase, also bevor alles schon fixiert ist, dringend empfohlen.

Im Bereich der technischen Realisation arbeitet man mit Typografen, Reproherstellern, Druckern und den Fachleuten des Plakatanschlags zusammen. Die erwähnten Spezialisten sind seit langem nicht nur und ausschließlich Lieferanten von bestellten Dienstleistungen, sie sind ebenfalls qualifizierte Berater und Kritiker. Sie sollten die fachkompetenten Garanten für eine optimale Herstellungsqualität sein.

Plakatpapier

Die Plakatierung kennt im Umgang mit Papier zwei Verfahren: den Naßanschlag an Säulen und Flächen und den Trockenaushang in Leuchtvitrinen.

Bei der Plakatherstellung für das Naßverfahren kann man mit falschem Papier schon zu Beginn alles verderben. Das schönste Motiv, der beste Druck und der sorgfältigste Anschlag sind umsonst, wenn sich etwa das Plakat schon beim Einweichen der Bögen aufzulösen beginnt.

Problemlos wird der Plakatanschlag dann, wenn alle Beteiligten bei Planung, Entwurf und Herstellung die speziellen Kriterien für Plakatpapiere beachten:
– Naßreißfestigkeit
– Laufrichtung
– Naßdehnung
– Flächengewicht
– Qualität und Sorte
– Naßopazität
– Bogenformat.

Im Vordergrund aller relevanten Eigenschaften steht die einseitige Glätte des Papiers. Dieser Vorteil kommt aber nur dann zur vollen Geltung, wenn auch auf der glatten Seite gedruckt wird.

Die einseitige Glätte des Papiers bedingt einen sehr guten Druckausfall und eine leichte Brillanz, ohne zu reflektieren. Die rauhe Rückseite ermöglicht eine problemlose Affichierung.

Naßreißfestigkeit

Plakate werden für die Klebung im Naßklebeverfahren, wie auf Seite 42 beschrieben, vorbereitet. Dafür muß das Plakatpapier durch eine ausreichende Leimung naßfest sein und auch in nassem Zustand reißfest bleiben, das heißt sich nach dem Ansetzen an der Anschlagstelle noch ausrichten lassen, ohne dabei einzureißen.

Laufrichtung

Jedes Papier hat eine Laufrichtung (Faserlauf). Da sich Papiere quer zur Laufrichtung in feuchtem Zustand stärker dehnen, müssen mehrteilige Plakate grundsätzlich auf Papierbogen mit der gleichen Laufrichtung gedruckt werden.

Naßdehnung

Das Plakatpapier sollte so beschaffen sein, daß es sich durch das erforderliche Wässern und den Einweichprozeß nur gering ausdehnen kann. Ein feuchtes 8teiliges 18/1-Bogen-Plakat soll sich nicht über die Tafelbreite von 356 cm hinaus vergrößern.

Flächengewicht

Das Papier muß 100 bis 120 Gramm je m^2 (g/m^2) wiegen. Leichtere Papiere sind zu durchscheinend und reißen schneller; schwerere Papiere lassen sich nicht gut verarbeiten. Ausnahmen sind im Einzelfalle möglich. Vorherige Absprache ist erforderlich.

Qualität und Sorte

Plakatpapiere sollten immer holzfrei sein, damit sie während der Anschlagdauer nicht vergilben. Geeignet sind holzfreie, vollgeleimte Naturpapiere oder speziell für Plakate in der Außenwerbung mit einem Oberflächenstrich versehene Papiere. Letztere – seit einigen Jahren im Einsatz – minimieren die als Grauschleier sichtbaren Klebstoffstriche auf der Plakatoberfläche.

Bilderdruck-, Chromo-, Glanz- und Kunstdruckpapiere eignen sich nur bedingt für den Plakatanschlag. Bei diesen Plakaten können die Falze an der Oberfläche ausbrechen und nach dem Anschlagen sichtbar bleiben. Es kann auch vorkommen, daß die gefalzten Plakate nach der Wässerung zusammenkleben.

Eingefärbte Papiere können dann nicht verwendet werden, wenn durch die Wässerung die Farben auslaufen und andere Plakate dadurch verfärben.

Opazität

Das Papier muß ausreichend decken, damit an den unbedruckten Stellen das überklebte Plakat nicht durchscheint.

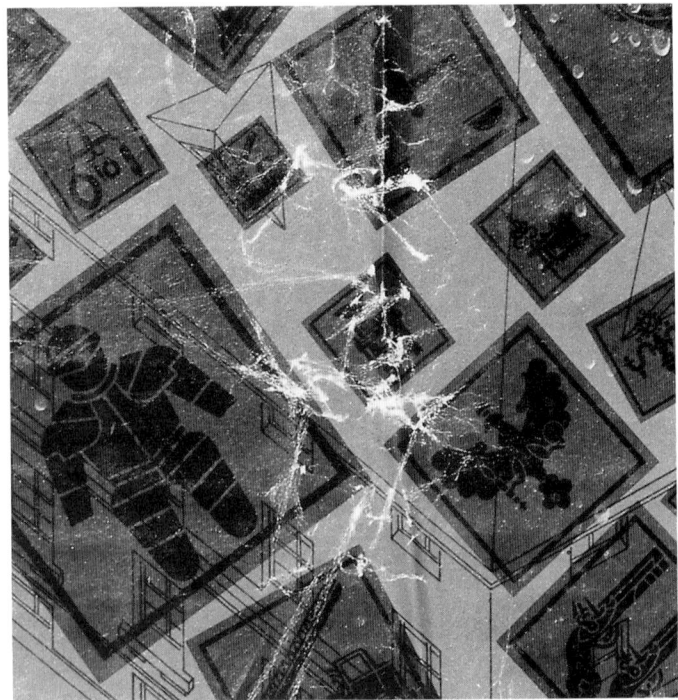

Welche Papiersorte ist richtig?
Das Drucken ist der abschließende Plakatgestaltungsprozeß. Auf welchem Papier das Plakat seine Endgestalt erhält, ist für das Aussehen von großer Bedeutung.

Aus ihren Sortimenten stellte die Papierindustrie der HBK-Forschungsgruppe Braunschweig etwa 90 Papiermuster zur Verfügung, die in den Werkräumen und auf den Anschlagflächen der Deutschen Städte-Reklame, Niederlassung Braunschweig, auf ihre Eignung für den Plakatanschlag untersucht wurden.

Die Ergebnisse waren unterschiedlich. Gestrichene Papiere, auf denen die Druckfarbe erfreulich brillant wiedergegeben wurde, erhielten durch das für den Plakatanschlag bedingte, zweimalige mittige Falzen (Kreuzbruch) und das anschließende Wässern einen nicht übersehbaren häßlichen Falzbruch, eine für viele Sorten unvermeidbare Verletzung der Papieroberfläche. Bei ungestrichenen, sogenannten Naturpapieren tritt diese Erscheinung nicht auf.

Von den 42 mit Aufstrich versehenen, zur Prüfung eingereichten Papiersorten ermittelte die HBK-Forschungsgruppe die Sorte »Chantaffiche« des Herstellers

Chantraine als diejenige, die das Prädikat »für den Plakatdruck und -anschlag uneingeschränkt geeignet« verdient. Neben allen vorhandenen guten Affichiereigenschaften zeichnet sich Chantaffiche dadurch besonders aus, daß der Strich des Papiers elastisch ist und somit an den Falzkanten nicht aufbricht und doch ein einwandfreies Bedrucken möglich bleibt.

Bei den abgebildeten Papiersorten ist der Papieraufstrich beim Falzen gebrochen und die Oberfläche auch sonst lädiert. Derartige Papiere sind für den Plakatanschlag ungeeignet.

Wissen um das richtige Papier erspart Enttäuschungen und bewahrt vor späterem Streit. Kein Gestalter wünscht, daß durch eine falsche Papierwahl sein Plakat, wie hier abgebildet, zerstört wird.

Deutlich sind aufgerissene Oberfläche und der Falzbruch an der Oberfläche des Kunstdruckpapiers zu sehen. Kunstdruckpapiere sind in der Regel für das Naßklebeverfahren ungeeignet.

Problemlos dagegen sind ungestrichene Offsetpapiere oder spezielle Affichenpapiere. Diese Papiere haben sich für den Plakatdruck und den Anschlag bestens bewährt. Plakatgestalter und -auftraggeber sollten darauf bestehen, daß Druckereien nur für den Plakatanschlag geeignete Papiere verwenden.

Druck und Druckfarbe

Für den Plakatdruck und seine Offset-, Siebdruck- oder Digitaldruckfarben sind schon bei der Planung, beim Entwurf sowie bei der Herstellung wichtige Qualitätsanforderungen zu beachten.

Druckfarben
Die durchschnittliche Anschlagdauer von Außenplakaten liegt bei zehn Tagen, aber manche Daueraffichen sind auch für Anschlagzeiten von mehreren Wochen oder gar Monaten bestimmt. Während all dieser Zeit sollen die Plakate »ihr Gesicht behalten«, das heißt, sie sollen am letzten Anschlagtag genauso aussehen wie am ersten, gleichgültig, ob es dazwischen regnet, schneit oder die Sonne scheint.

Diese Forderung ist bekannt, und dennoch kommt es – speziell im Frühjahr und Sommer – immer wieder zu Beanstandungen. Geht man den Dingen auf den Grund, so stellt sich oft heraus, daß der Plakatdrucker keine für Affichenarbeiten geeigneten Farben eingesetzt hat, das heißt, daß bei der Wahl der Farben eine der folgenden Überlegungen außer acht gelassen wurde:

Lichtbeständigkeit
Für den Druck von Plakaten sollten prinzipiell keine Farben verwendet werden, deren Lichtbeständigkeit nach DIN 16525 unter WS 5-6 liegt. Dauerplakate mit Aushangzeiten von mehreren Wochen fordern eine Lichtechtheit von WS 7.

Der Lichtechtheitsmaßstab besteht aus einer Skala von acht blauen, in ihrer Lichtechtheit abgestuften Typfärbungen auf Wolle (Wollskala). Die Lichtechtheit wird in Zahlen ausgedrückt, die der Lichtechtheit dieser acht Typen entsprechen. Es bedeuten:

8 hervorragend
7 vorzüglich
6 sehr gut
5 gut
4 ziemlich gut
3 mäßig
2 gering
1 sehr gering

Zugeständnisse an die Lichtechtheit - insbesondere aus preislichen Gründen - sollten nur gemacht werden, wenn sichergestellt ist, daß die Anschlagdauer, vor allem in den Sommermonaten, eine Woche nicht übersteigt. Bei Farben mit einer Lichtechtheit von nur WS 5 kann es, selbst im flächigen Druck, bereits nach wenigen Tagen intensiver Sonneneinstrahlung zu Farbtonveränderungen und Ausbleicherscheinungen kommen. Noch wesentlich anfälliger sind aufgerasterte und aufgehellte Farben, so daß es nur in Ausnahmefällen möglich sein wird, Farbe mit einer geringeren Lichtechtheit für Affichen einzusetzen.

Witterungsbeständigkeit
Es gibt Farben, bei denen der Ausbleichprozeß unter dem Doppeleinfluß von Sonne und Regen wesentlich rascher einsetzt und fortschreitet als im Abschnitt über die Lichtbeständigkeit beschrieben. Solche Anfälligkeiten sind pigmentgegeben, und der Druk-

ker sollte nur ausdrücklich für den Plakatdruck geeignete wetterbeständige Farben verwenden. Leider muß dazu gesagt werden, daß es speziell im Rotbereich nur wenige für Dauerplakate geeignete Pigmente gibt und daß deren Preise zum Teil überdurchschnittlich hoch liegen.

Alkali-Echtheit
Im Hinblick darauf, daß für den Plakatdruck nicht selten auch Papiere mit hohen pH-Werten verwendet werden und daß unter Umständen auch die vom Plakatanschläger benutzten Klebstoffe alkalisch sein können, erscheint es ratsam, von Plakatfarben normalerweise auch Alkali-Echtheit zu verlangen.

Druckfarben müssen elastisch sein, damit sie beim Falzen nicht brechen. Siebdruckfarben müssen gut gebunden sein, sie dürfen nicht abmehlen.

Bei Haus- und Sonderfarben ist ebenfalls darauf zu achten, daß die Druckfarben mit den für den Außenanschlag erforderlichen Eigenschaften erhältlich sind.

Leuchtfarben dürfen für den Plakatanschlag nicht verwendet werden, da sie durch ihre Signalwirkung Verkehrsteilnehmer irritieren können.

Metallschmuckfarben (Gold- und Silberbronzierungen) können oxydieren.

Grauschleier auf Plakaten entsteht durch getrocknete Klebstoffschichten oder Frostschutzmittel.

Dunkle Plakate sind empfindlich, helle weniger. Die speziell für Plakate in der Außenwerbung mit einem Oberflächenstrich versehenen Papiere eignen sich am besten gegen Grauschleier.

Lackierte Plakate
Lackierte Plakate sind für den Anschlag nicht geeignet, denn der Lack kann beim Falzen brechen. Außerdem können die Plakate nach dem Einweichen durch ein Zusammenkleben der aufeinanderliegenden Lackflächen unbrauchbar werden. Eine lackierte Oberfläche würde außerdem das spätere Überkleben erschweren.

Rückseitendruck
Für das spätere Kleben ist es wichtig, daran zu denken, daß besonders bei Plakaten mit viel Weißanteilen oder sehr hellfarbigen Motiven die Gefahr besteht, daß alte Plakate, die überklebt werden, durchscheinen. Dies kann einmal durch gute Papierqualitäten (siehe oben) und durch den sogenannten Graurasterrückseitendruck verhindert werden. Bei ganzflächig bedruckten Plakaten ist er nicht erforderlich.

Mehr als 50% Flächendeckung darf der Raster des Rückseitendrucks nicht haben, um die Verklebung nicht zu erschweren. Die groben Rasterpunkte sollten frei stehen, sich also nicht berühren.

Der Rückseitendruck darf nicht bis an den Rand gehen. Um eine einwandfreie Verklebung zu erreichen, muß rundherum ein Streifen in der Breite der Überlappung (ca. 15 mm) frei bleiben.

Repro und Druckform

Anhand geeigneter Durchsichts- und Aufsichtsvorlagen, sowie am Computer vorbereiteter Layout-Dateien stellen DTP/Lithostudios die für die Anfertigung von Druckformen erforderlichen Filme oder Dateien her.

Aufgrund des rasanten technischen Fortschritts werden immer häufiger digitale Daten im Direktverfahren für die Druckformherstellung verwendet.

Durchsichtsvorlagen

Durchsichtsvorlagen sind Farbdias. Eine scharfe und glatte Bildwiedergabe ist ab einem Diaformat 6 x 6 cm gegeben, aber auch nur dann, wenn nicht ein Kleinbildausschnitt gewünscht wird.

Kleinbilddias ergeben eine grobkörnigere und unschärfere Reproduktion.

Am besten sind Durchsichtsvorlagen (Dias) im Format 13 x 18 cm oder 24 x 30 cm geeignet. Gedruckt wird mit 60er oder 70er Raster.

Aufsichtsvorlagen

Aufsichtsvorlagen müssen auf maßhaltigen und – wegen des Aufspannens auf die Scannerwalze – biegsamen Scannerkartons angelegt werden.

Die Vorlagen sollten nicht kleiner als DIN A4 und nicht größer als DIN A2 und höchstens 500 x 600 mm sein.
Von starren Vorlagen wird entweder ein Dia hergestellt oder eine Reproduktion über einen Flachbettscanner vorgenommen.

Aufsichtsvorlagen werden mit einem Deckblatt geschützt. Buntfarben dürfen nicht mit Deckweiß gemischt sein. Knicke und Flecken sind zu vermeiden. Farbfotos müssen scharf, ohne Farbstiche und möglichst feinkörnig sein.

Die Rückseiten der Originale dürfen weder beschriftet (z. B. mit einem Kugelschreiber) noch gestempelt werden.

Die mit Hilfe von Scannern digitalisierten Druckvorlagen werden mit geeigneten Layoutprogrammen zu einer druckfertigen Datei zusammengefügt.

Unter Umständen ist auch die Übernahme von Daten aus einer Digitalkamera möglich, sofern die Auflösung der Bilddaten für die angestrebte Druckqualität ausreichend ist.

Digitale Druckvorlagen sind den Herstellern auf geeigneten Datenträgern wie Diskette, ZIP, oder CD zu übergeben.

Um einen problemlosen Ablauf zu sichern, ist bereits im Vorfeld der technische Produktionsweg bis in die Details mit den Herstellern zu erörtern. Verbindliche Absprachen sind dabei zu treffen über:
– Datenträger
– Formatierung
– Rasterweite
– Beschnitt
– Farbangaben
– Rastertonwerte
– Überfüllungen u.a.m.

Ebenso wird im Vorfeld festgelegt in welchen Farbsystemen, entweder vierfarbig nach Euroskala oder in Sonderfarben der Reihe HKS oder Pantone, gedruckt werden soll.

Repro und Druckform

Mit einer Unter- oder Überfüllung, die unbedingt an den Rändern von zwei aneinanderstoßenden Farbflächen anzubringen ist, werden die »Blitzer« der Nahtstellen vermieden.

Qualitätskontrolle

Die optimale Qualitätskontrolle der Lithofilme für großformatige Plakate bleibt weiterhin der Andruck. Angedruckt wird mit Original-Druckfarben in der vorgesehenen Druckreihenfolge auf dem Original-Auflagenpapier.

Andere Möglichkeiten der Qualitätskontrolle der Druckfilme sind Analogverfahren wie
- Chromalin, auch mit einigen Sonderfarben möglich,
- Fuji-Color-Art und weitere Verfahren auf Auflagenpapier mit Farben der Euro-Skala.

In der Praxis hat sich das Digitalproof als direkter Prüfdruck weitgehend durchgesetzt.

Ist die Ausführung genehmigt, beginnt die Direktprojektion auf Platten, indem das Ausgangslitho direkt auf die Druckplatten übertragen wird. Es entfällt dadurch der bei früheren Methoden übliche hohe Film- und Chemikalieneinsatz.

Wie bereits erwähnt, sind bei mehrteiligen Plakaten Überlappungsränder von mindestens 15 mm vorzusehen.

Bei einem angeschnittenen Motiv muß deshalb wegen des »Beschnitts« und des dabei »abfallenden Randes« das Druckbild an jeder Schnittkante um 3 mm größer als die Sichtfläche sein.

Checkliste für die Reproduktion sind bei jeder Art Vorlage außer den bereits genannten Positionen:
- Ausschnittbestimmung
- Beschnittzugabe (3 mm an der 1/1 Größe!) an der Schnittkante
- Standmuster für Belichtungen (Composing)
- Bildauflösung
- Tonwertumfang
- Überdruck
- Rasterweite
- Farbanzahl
- Druckreihenfolge
- Farbsystem
- Überfüllungen markieren
- Farbmuster aus einem Farbfächer aufkleben
- Rastertonwerte in % angeben
- Überlappungsränder kennzeichnen
- weitere Angaben auf Transparentdecker markieren
- schriftliche Anweisungen für Litho, Druck und Verarbeitung
- Änderungswünsche mitteilen
- Anzahl der Andrucke oder Proofs
- Auflagenpapier.

Das Auflagenpapier muß unbedingt ein für das Naßverfahren geeignetes Affichenpapier sein. Siehe hierzu den Beitrag über Papier, Seite 52.

Es wird dringend empfohlen, vor Beginn der Entwurfsarbeit bei den Herstellern den aktuellen Stand der relevanten Techniken zu ermitteln.

Checkliste einer Plakataktion

Jedes Kommunikationsproblem soll im Vorfeld des Entwurfs zunächst nach der bekannten Faustregel abgefragt werden:
Wer sagt was, wann, zu wem, mit welcher Absicht, mit welchen Mitteln und in welchen Medien?

Für die Phasen Planung, Gestaltung und Realisation bedarf es einer sinnvollen Sammlung aller erforderlichen Daten und Informationen, die anhand einer – je nach Projektumfang größeren oder kleineren – umfassenden Checkliste ermittelt und ausgewertet werden können. Die hier aufgeführten, keineswegs vollständigen Fragen sind mehr allgemeiner Art und, da jedes Projekt seine ihm eigene Problemstellung hat, nicht ungeprüft übertragbar.

1.0 Welche Positionen sollte ein Grafik-Designer anhand einer Checkliste im Vorfeld des Entwurfes erörtern?

- Wer ist der Auftraggeber?
- Was ist sein Produkt, seine Dienstleistung?
- Was soll beworben werden?
- Welche Bedeutung hat der Anbieter gegenüber Mitbewerbern?
- Wie ist die allgemeine Marktsituation?
- Wie sieht die Konkurrenzsituation aus?
- Welche Werbemittel sind bereits im Markt?
- Wie ist die gesellschaftliche Struktur der Zielgruppe?
- Wie ist ihre mögliche Erwartungshaltung?

2.0 Vorgaben des Auftraggebers

- Welche Inhalte liegen bereits vor? Texte, Abbildungen?
- Welche Inhalte müssen noch erarbeitet werden?
- Gibt es seitens des Auftraggebers ein Konzept oder andere Vorgaben?
- Welche Werbemittel gibt es bereits?
- Ist das zu erstellende Plakat Teil eines Designkonzepts?
- Welche Gestaltungselemente aus den Bereichen Text, Bild und Supplemente kommen zur Anwendung?
- Gibt es ein Signet, das angewendet werden muß?
- Wie ist die Anordnung und die Gewichtung der Gestaltungselemente?
- Welche Farbvorstellungen hat der Auftraggeber?
- Gibt es Hausfarben?
- Sind die vom Auftraggeber bevorzugten Farben als Plakatfarben geeignet?
- Mit welcher Farbenzahl soll gedruckt werden?
- Wird das Plakat mit oder ohne abfallenden Rand sein?
- weitere

3.0 Art des Plakates, Plakatierung, Streuung

3.1 Art der Plakatierung
- im Innenaushang
- im Außenanschlag
- in und auf Verkehrsmitteln (z.B. Bus)
- als Aufstellplakat (Display)
- als Vitrinenplakat

3.2 Auf welchen Plakatträgern soll plakatiert werden
- Großfläche
- Allgemeinstelle
- Ganzsäule
- Stellensplitting (z.B. jede zweite allgemeine Anschlagsäule)
- Vitrine
- weitere

3.3 Plakatformate
- Wird das Plakat einteilig oder mehrteilig sein?
- Aus wie vielen Teilen?

3.4 Termine und Verbreitung
- Wann ist der Start der Plakatierung?
- Wie lange soll plakatiert werden? (z.B. eine Dekade)
- Soll eine Wiederholung des Anschlags erfolgen?
- Auf welches Gebiet erstreckt sich die Verbreitung?
- Gibt es ein Muster der bisherigen Plakatierungen?
- Wie hoch ist die Auflage des Plakates?
- Wann ist der Anlieferungstag?
- weitere

4.0 Rechtliche Absicherung
- Bestehen Rechte Dritter an den Vorlagen?
- Gibt es ein Impressum?
- weitere

5.0 Präsentation
- In welcher Form soll präsentiert werden?
- als Scribble oder Rough
- als Layout
- als Reinlayout
- als Andruck
- in mehreren Stufen
- in anderer Art

6.0 Realisation

6.1 Drucktechnik
Besteht freie Wahl in der Drucktechnik, oder ist diese bereits festgelegt, zum Beispiel:
- Offsetdruck
- Siebdruck
- Fotokopien
- Digitaldruck

6.2 Papier
- Sind das Papierformat und die Qualität des Papiers (unter Berücksichtigung von Druck und Anschlag) bestimmt oder müssen diese ermittelt und entschieden werden?

6.3 Druckformherstellung
- Welche Druckformherstellung?
- Repro
- Fotolitho
- weitere

6.4 Schriften
Sind Schriftart und Satztechnik festgelegt?
- Fotosatz, in welchen Systemen
- Computersatz, in welchem System
- Handschriften
- gezeichnete Schriften

6.5 Druckfarben
- Sind die Druckfarben licht- und alkaliecht?

7.0 Termine
Liegen alle Termine fest für
- Planung
- Entwurf
- Präsentation
- Reinausführung
- Druckformherstellung
- Druck
- Auslieferung
- Anschlag

Plakatkriterien

Hat das Plakat eine optimale Gestalt? Welche Kriterien gibt es, die bei Beurteilung von Plakaten angewendet werden?

»Allerweltsplakate« sind weltweit zu finden, Spitzenprodukte bleiben trotz Wettbewerben, Auszeichnungen, Veröffentlichungen, Sammlungen und zahlreicher Lehrbücher in der Minderheit.

»Die größte Zahl aller Plakate, die unsere Welt seit eh und je verklebte, ist die, die man geflissentlich übersieht.« (E. Neumann)

Damit Plakate spontan gesehen, gelesen und verstanden werden, damit sie auch im Kleinformat Aufmerksamkeit erregen, Interesse und Wünsche erwecken, damit die Plakatbotschaft ankommt, überzeugt und – last but not least – das Plakat ganz einfach gefällt, Akzeptanz und Freunde findet, werden die hier nur auszugsweise und in loser Folge aufgeführten Kriterien, die auch im internationalen Bereich gültig sind, zur Plakatoptimierung und zur Entscheidungsfindung beitragen.

1. Sind die finanziellen Mittel für
– Grafik-Design
– Druckformherstellung
– Druck
– Anschlag
fixiert oder in ungefährer Höhe festgelegt, oder müssen die Kosten noch erfragt, durch Angebote ermittelt und entschieden werden?

2. Weist das Plakat ausreichend auf die zu übermittelnden Inhalte hin und ist das Plakat der »visuelle Repräsentant« des Auftraggebers?

3. Spricht das Plakat die Zielgruppe direkt an? Kommt es zur gewünschten visuellen Provokation, zur verdichteten Aussage und wird der Betrachter durch den Appell motiviert?

4. Ist das Plakat lesbar, die Bild- und Textinformation eindeutig verständlich, erweckt es bei Passanten Aufmerksamkeit und Interesse?

5. Läßt das Plakat keine Verwechslung zu, ist es prägnant genug, um sich gegen andere Plakate und das gesamte Umfeld durchzusetzen?

6. Wirkt das Plakat schon beim ersten Blick, bei größerer Distanz und unter schwierigen Wahrnehmungsbedingungen als der signalhaft-plakative Blickfang?

7. Wird das Plakat schnell verstanden?

Kann die Botschaft in Sekundenbruchteilen (200 Millisekunden) das Passantengehirn erreichen, reizen und beeinflussen? Erweckt das Plakat Neugierde, animiert es eilige Passanten zum Verweilen, zur näheren Betrachtung?

8. Ist das Plakat innovativ, hat es Originalität, ist es eigentümlich in Inhalt, Form und Ausdruck?

9. Hat das Plakat so charakteristische, eindeutige und einprägsame Merkmale, daß es vom Betrachter aus dem Gedächtnis beschrieben werden kann?

10. Wird das Plakat in Farben, Form und Komposition als ästhetisch gut gestaltet empfunden, hat es einfache Formen, starke Kon-

traste und monumental großzügig und spannungsreich gegliederte Flächen?

11. Ist es ein Plakat aus einer Plakatserie oder Teil einer Kampagne?

Bewahrt es die Kontinuität, hat es genügend konstant-serielle Kampagnenmerkmale?

12. Ist das Plakat als ein Teil eines Corporate-Designs zu identifizieren, hat es ausreichend konstante Merkmale des einheitlichen Firmenbildes?

13. Läßt sich das farbige Plakat auch einfarbig schwarzweiß, zum Beispiel in einer Anzeige, wirkungsvoll darstellen.

14. Läßt sich das Plakat beliebig vergrößern und verkleinern, bleibt es in »Briefmarkengröße« erkennbar?

15. Eignet sich der Plakat-Entwurf für die vorgesehenen Reproduktions-, Druck- und Anschlagtechniken?

Cassandres Plakatkriterien

Stellvertretend für die Plakatkriterien, -urteile und -empfehlungen vieler hervorragender Plakatgestalter soll hier nur in kurzen Beiträgen Cassandre zitiert werden. Adolphe Jean Marie Mouron, genannt Cassandre, war einer der einflußreichsten Plakatkünstler des 20. Jahrhunderts. Seine Plakate sind bis heute Qualitätsmaßstab für alle aktiven und passiven Plakatinteressenten geblieben:

»Der heutige Mensch hat es eilig. Wo will er denn so schnell ankommen? fragt man sich unwillkürlich. Er hat es eilig, eilig, eilig, und immer ist er ungeduldig. Er hat keine Zeit mehr für Haarspaltereien. Er bewundert die Kürze, die Skizze, die gerade Linie, zieht Gewalt der Stärke vor, den Schrei dem Gespräch. Aus diesem Grund liebt er das Plakat, das damit vielleicht der ehrlichste Ausdruck dieser Zeit geworden ist...

Entlang von Eisenbahnlinien stehen keine Schilder mit der freundlichen Aufforderung: Wenn Sie bitte anhalten möchten!, sondern farbige Signale, eine Art von Ideogrammen, die unendlich viel eindrucksvoller und schneller zu lesen sind. Das Plakat, das schnell lesbar sein muß, benutzt dieselbe (Signal-)Sprache... Es benutzt dasselbe begrenzte grafische Vokabular...

Ein Plakat wird gedruckt, damit es gesehen wird. Eine Binsenwahrheit natürlich, aber wenn ein Plakat sich nicht vor allem durch Sichtbarkeit auszeichnet, hat es seinen Zweck verfehlt. Ein heiserer Redner wird sein Auditorium kaum überzeugen können, und sei er noch so eloquent...
Es ist unmöglich, die Leute auf der Straße einzeln anzusprechen, um ihnen die Vorzüge eines bestimmten Produktes zu erklären. Sie müssen überrascht werden, die (Plakat-)Botschaft verstehen, ohne daß sie wissen, warum...

Ein Plakat braucht also nicht einmal unbedingt zu gefallen oder attraktiv zu sein; Hauptsache, es löst eine Emotion aus. Man verlangt von ihm, daß es ankommt, nicht daß es geliebt oder verstanden wird.«

HBK-Plakatgestaltung – ein Modell

Entwicklungsphase

Museumsdirektoren, Wissenschaftler und die am Projekt beteiligten Dozenten trafen sich Wochen vor Beginn einer neuen Museums-Kampagne, um in einem Programmgespräch die wesentlichen Themen und Objektgruppen, Möglichkeiten und Grenzen abzustimmen und die Termine festzulegen. Im Museum ermittelten die Studenten an Hand der Ziele und der relevanten Kriterien ihre Objekte aus bestimmten Themenbereichen oder aus der gesamten Sammlung und überprüften mit den für die Wahl eines Objektes eigenen Kriterien:
– Ist das Objekt typisch für dieses Museum?
– Ist es charakteristisch für diese Abteilung?
– Hat es einen hohen Bekanntheitsgrad?
– Hat es Sympathiewert?
– Verletzt es keine Tabus?
– Ist es als grafisches Zeichen auch bei erschwerter Darbietung identifizierbar?
– Ist es ohne Perspektive darstellbar?
– Hat es eine prägnante Silhouette?
– Ist es unverwechselbar?
– Ist es für alle Medien gleich gut geeignet?
– Hat es gute Proportionen?
u. a. m.

Diese erste kritische Auseinandersetzung an Ort und Stelle und vor dem Objekt wurde in kleinsten Skizzen, sogenannten Kürzeln, auf einem vorbereiteten DIN-A 4-Blatt festgehalten. In jedes der etwa zehn Skizzenfelder mit der geringen Höhe von nur 15 mm wurden mit weichem Bleistift nur die wesentlichen Formen des Objektes notiert. Schon mit diesen in Konturen oder Silhouetten dargestellten »Millimeter-Winzlingen« kann Piktogrammeignung festgestellt werden. Ebenfalls wird damit die angestrebte Plakatwirkung auf eine Entfernung von etwa 20 m »im ersten Blick« überprüft.

Die Objekte wurden danach größer und sorgfältiger studiert, aufgezeichnet, in verschiedenen grafischen, möglichen und anscheinend unmöglichen »Techniken« dargestellt. Sie wurden zu Piktogrammen stilisiert. Diese und alle folgenden Lehrbeispiele entstanden in Verbindung mit dem Staatlichen Naturhistorischen Museum in Braunschweig.

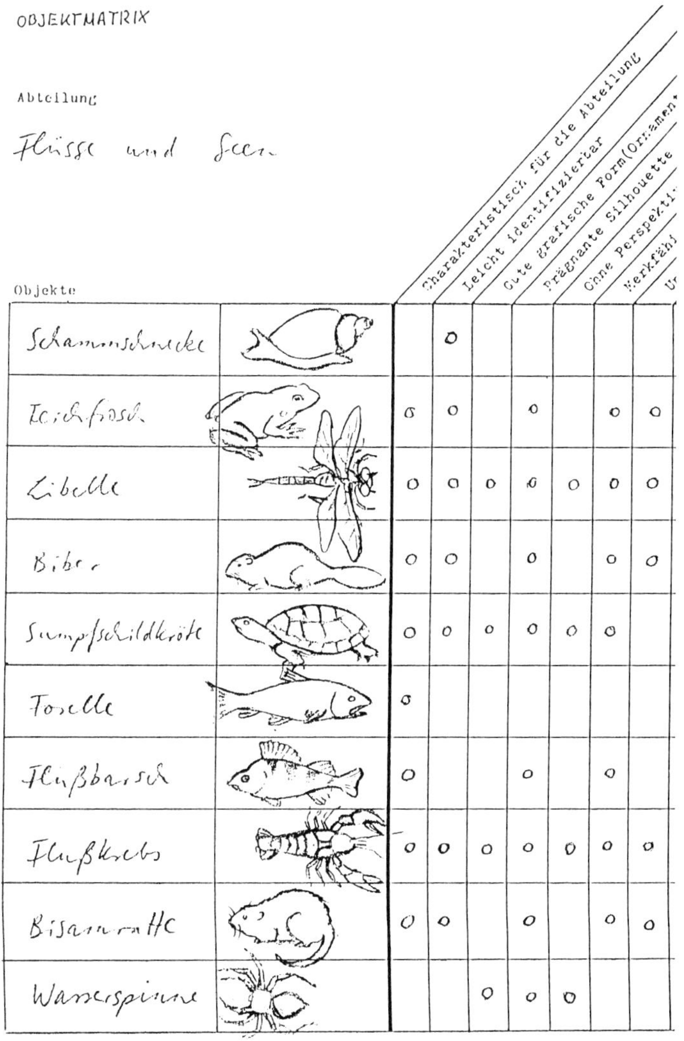

OBJEKTMATRIX

Abteilung

Flüsse und Seen

Objekte		Charakteristisch für die Abteilung	Leicht identifizierbar	Gute grafische Form	Prägnante Form (Ornament)	Ohne Perspektive	Merkmale	Silhouette
Schlammschnecke			o					
Teichfrosch		o	o		o		o	o
Libelle		o	o	o	o	o	o	o
Biber		o	o		o		o	o
Sumpfschildkröte		o	o	o	o	o	o	
Forelle		o						
Flußbarsch		o			o		o	
Flußkrebs		o	o	o	o	o	o	o
Bisamratte		o	o		o		o	o
Wasserspinne				o	o	o		

Objektmatrix.
Mit Hilfe der Kriterien lassen sich die
geeigneten Objekte sicher bestimmen.
Auswertung nur im Ja-/Nein-Prinzip.
Grafik: Patricia Müller, HBK Braunschweig

Piktogramme, eine Plakatbasis

Reale Objekte werden zu Plakatzeichen, die im Straßenumfeld auch bei großer Distanz schnell bemerkt, schnell gelesen und schnell gedeutet werden sollen. Plakate sind schnelle Medien, ihre Sprache ist in Text und Bild Telegrammsprache: knapp, eindeutig, unmißverständlich, die einfache Einfachheit! Komplexe Objekte werden in Form, Farbe und Struktur durch Abstraktion auf das Wesentliche reduziert. Piktogramme sind für Plakatzeichen eine gute Basis, besonders dann, wenn es kleinformatige Plakate sind. Piktogramme sind Kürzel, die mit wenigen Strichen das Wesen, das Typische, das Charakteristische des Objektes betonen und in lesefähiger Qualität zeigen.

Das Wesentliche eines grafischen Tieres zum Beispiel muß mit den Merkmalen in der Vorstellung des Empfängers übereinstimmen, das heißt das, was als unwesentlich weggelassen wird, muß der Empfänger – der Beschauer – aus seiner erinnernden Vorstellung wieder hinzufügen. Trotz willkürlicher starker grafischer Mittel ist die Identität mit dem Objekt zu erhalten, ja möglichst durch Weglassen von Unwesentlichem und provozierendes Betonen des Wesentlichen noch zu steigern. Beispiel: Löwen erhalten wehrhaft betonte Tatzen, flammende, gelockte Mähnen, Zähne und Zunge werden verstärkt und der grafischen Deutlichkeit wegen zweckentsprechend stilisiert.

Piktogramme sind stark vereinfachte Bilder. Ihre Vereinfachung – Abstraktion – wird unter anderem über folgende gestalterische Mittel erreicht:
– Verzicht auf Perspektive
– Verzicht auf Farbe und Halbtöne
– Geometrisierung der Konturen
– Weglassen unwichtiger Details
– Hervorheben (z. B. Vergrößern) wichtiger Details.

Die Aufgabe des Grafik-Designers ist es also, unverwechselbare Abbilder der Tiere oder anderer Objekte mit den geeigneten grafischen Mitteln darzustellen. Unter Einbeziehung geometrischer Formen wird Eindeutigkeit erreicht, das Wesentliche betont und Unwesentliches vernachlässigt. Spontane Geläufigkeit, spontane Interpretation durch Empfänger ist das Ziel. Merkfähiges, Unverwechselbares, Einprägsames ist gefragt. Mißverständliches ist auszuschließen, Ungenauigkeiten sind zu korrigieren.

Vom Naturstudium über verschiedene Entwicklungs- und Abstraktionsstufen zum Piktogramm.
Grafik: Patricia Müller, HBK Braunschweig

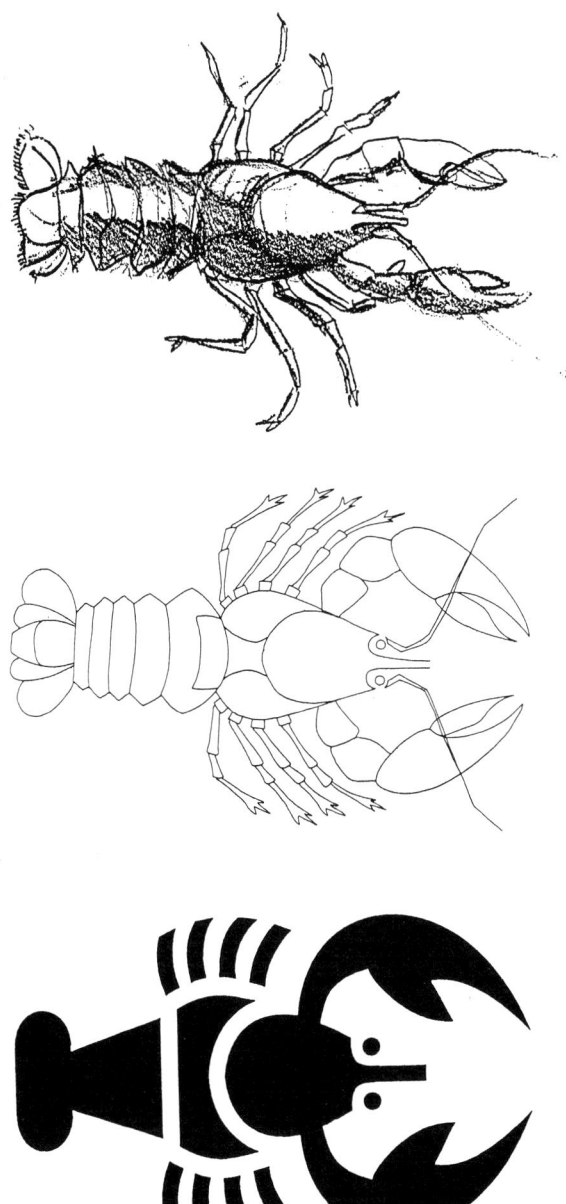

Vom Rough zur Plakatierung

Wer sich durch Informationsfülle bemerkbar machen muß, wird es nur mit dem »Geschrei« plakativer, physischer Reize wie Farbe, Buntheit, Größe, Prägnanz etc. können. Mit Prägnanz erzielt man immer dann eine schnellere Aufmerksamkeit und Informationsbereitschaft, wenn sich die Mitteilungen kontrastreich und deutlich vom Hintergrund und von ihrem Umfeld abheben.

Besonders mit Größenkontrasten und außergewöhnlichen Bildausschnitten werden stets prägnante Wirkungen erreicht. Sie sind das häufig angewendete visuelle Mittel, um frühzeitig die Aufmerksamkeit der Passanten auf die Plakatbotschaft zu lenken.

Überraschende Eindrücke werden mit einem außergewöhnlichen Bildausschnitt erreicht. Je größer er ist, desto plaktiver wirken die oft übernatürlichen Großdarstellungen.

Eine Klärung der Prioritäten zwischen Bild und Text ist unbedingt vor Entwurfsbeginn ebenso erforderlich wie die Bildung einer gültigen Informationshierarchie.

Optimal ist es, wenn zu Beginn der Entwurfs- und Layoutphase alle erforderlichen Daten und Unterlagen vorliegen. Hier nochmals die für ein Plakat wesentlichen:
- Bildvorlagen
- Textmanuskript
- weitere Elemente, wie zum Beispiel Logo und andere Zeichen
- Zielgruppen
- Art des Plakates
- Plakatformat
- Art der Plakatierung
- Repro- und Drucktechniken
- Kostenrahmen
- Terminplan
- Anzahl der Druckfarben
- Auflagenhöhe

Umfassende Auskünfte erteilt dazu die Checkliste (siehe S. 58).

Ein vollständiges Manuskript, aus dem Art, Umfang und Gliederung der Texte abzulesen sind, ist die Basis der Layout-Typografie.

Das Manuskript zum Beispiel für die Museen in Braunschweig muß enthalten:
- die Plakataussage in der Headline und in ihrer unterstützenden Subline
- weitere Informationen über die Institution
- wer: Name der Institution
- wo: Ort, Straße, Hausnummer, Postfach, Telefon, Telefax etc.
- wann: Öffnungszeiten
- was: Gliederung der Schauräume und der internen Aktionen
- weitere: Eintrittsgebühren oder freier Eintritt, Parkplätze, Wegleitinformationen u.a.m., Impressum mit Entstehungsdatum, Entwerfer, Drucker etc.

Layout: eine Plakatidee wird Wirklichkeit

Die Wirklichkeit einer Plakatidee ist das gedruckte und vielerorts angeschlagene Plakat in Aktion.

Die Realisierungsphase von der Skizze bis zum Plakatanschlag erfolgt in mehreren, in Darstellung und Ausführung immer präziser werdenden Stufen.

Als Regisseur, und damit verantwortlich für die Gesamtab-

Vom Rough zur Plakatierung 67

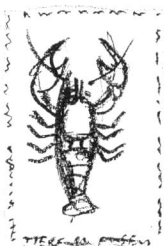

Aus der Scribblephase.
Mit diesen Skizzen in Rohform und in der schnellen Niederschrift flüchtiger, visionärer Ideen wird das endgültige Aussehen des Plakates in eiliger, kleinformatiger, aber erkennbarer Grafik aufgezeichnet (Abbildungen in Originalgröße).
Grafik: Patricia Müller, HBK Braunschweig

wicklung, hat der Layouter in seine Überlegungen bereits in der Anfangsstufe den gesamten Komplex und nicht nur einen Teilabschnitt einzubeziehen.

Roh-Layout
Die Verbindung von Text und Bild, ihre hierarchische Gliederung mittels Anordnung und Gewichtung wird in verschiedenen Entwurfsvarianten zunächst flüchtig als Rough in Form von Skizzen oder Scribbles im Kleinstformat erarbeitet. Bereits mit diesen Skizzen in Rohform und in der schnellen Niederschrift flüchtiger, visionärer Ideen wird das endgültige Aussehen des Plakates in eiliger, kleinformatiger, aber erkennbarer Grafik erörtert und aufgezeichnet.

Rohlayouts werden durchweg von Hand skizziert. Plakatskizzen, zum Beispiel in »Daumennagelgröße«, zeigen, ob DIN-A 1-Plakate noch oder schon von etwa 15 m Entfernung wahrgenommen werden können.

Typografisches Skizzieren erfordert sichere Kenntnisse der typografischen Gestaltungsmittel und der Skizziertechniken.

DIN-A 6-Layout
In dem nun folgenden DIN-A 6-Layout (105 x 148 mm) wird der Plakatentwurf intensiv in den Details geklärt. Entschieden werden dabei alle Proportionen bei Text und Bild und alle typografischen und bildnerischen Mittel, zum Beispiel ob mit Foto oder Zeichnung gestaltet wird. Präzise werden hier die in den früheren Roughs und Scribbles vernachlässigten Details, wie Reflexe, Licht und Schatten, Farbtöne mit ihren Mischungen und Abstufungen, Oberflächen und Materialstrukturen sowie Schriftdarstellungen in Originaltexten, ihre Anordnungen und Gewichtungen dargestellt.

Reinlayout
Das Reinlayout wird dann »entworfen wie gedruckt« in der höchst erreichbaren und dem Druckergebnis am nächsten kommenden Präzisionsform ausgeführt, vorab nochmals mit den Herstellungsfachleuten besprochen und dann dem Auftraggeber zur Entscheidung präsentiert.

Ausführungstechnik von Hand oder in einem Computerausdruck, etwa DIN A3 groß.

In einer schriftlich abgefaßten Begründung werden die Gestaltungsentscheidungen anhand relevanter Plakatkriterien verkaufsfördernd kommentiert.

Als Original ist das Reinlayout die verbindliche Vorlage für alle weiteren Maßnahmen, für die reprofähige Reinausführung ebenso wie für das DTP/Lithostudio, die Druckerei und die weitere Verarbeitung .

Das Stufenprogramm zeigt, wie sich die Gestaltung zunehmend präzisiert und material-, personal- und zeitintensiver, das heißt auch kostenintensiver wird.
Grafik: Claudia Albrecht

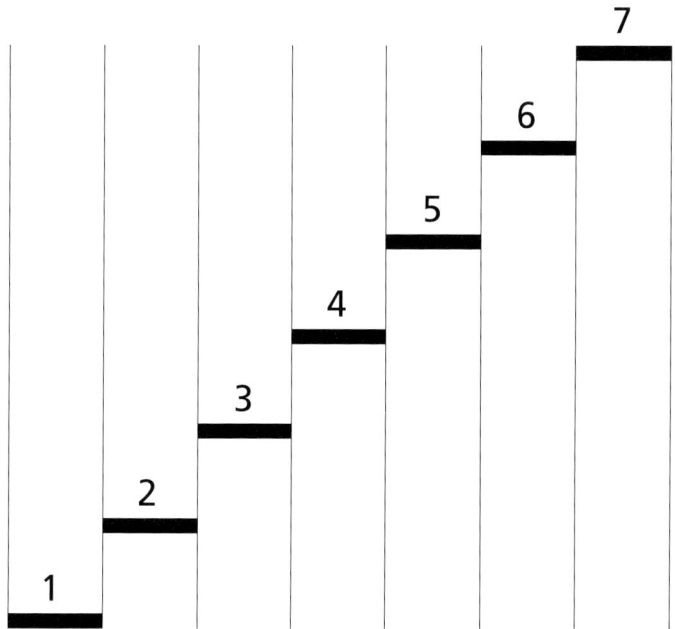

Gestaltungsstufen vom Rohlayout zum Plakatanschlag

1 Rohlayout
Flüchtige, aber erkennbare Darstellung wesentlicher Merkmale wie Inhalt, Form, Farbe, Anordnung und Gewichtung.

2 Layout
Präzisierung der Inhalte und der Gestaltung bei Anordnung und Gewichtung, Form, Farbe und Typografie.

3 Reinlayout
Farbige Darstellung »Entworfen wie gedruckt«, verbindliche Kundenpräsentation in allen Details. Qualitätskontrolle anhand von Briefing und Kriterien.

4 Reprofähige Vorlage
Verbindliche Durchsichts- oder Aufsichtsvorlagen bzw. am Computer vorbereitete Dateien.

5 Qualitätskontrolle
Andruck in vorgesehener Druckreihenfolge mit Originaldruckfarben auf Original-Auflagenpapier.

Die mit Hilfe von Scannern digitalisierten Druckvorlagen werden mit geeigneten Layoutprogrammen zu einer druckfertigen Datei zusammengefügt.
Qualitätskontrolle im Vergleich mit dem Entwurf (Inhalt, Stand, Farbigkeit), den verbindlichen Vorlagen und allen Herstellungsanweisungen.

6 Auflagendruck
Endgültige Fassung; Qualitätskontrolle in Stand, Farbe und Druckqualität. Erteilen der Imprimatur.

7 Plakatierung
Plakatanschlag oder Aushang.

Im DIN-A6-Layout (105×148 mm) wird der Plakatentwurf in allen Einzelheiten intensiv bearbeitet. Präzise werden nun die in den früheren Roughs und Scribbles vernachlässigten Bilddetails entschiedener dargestellt, die Typografie in Originaltexten abgefaßt und an endgültiger Stelle positioniert. Grafik: Patricia Müller, HBK Braunschweig

Vom Rough zur Plakatierung

Ein Plakat ist erst dann ein Plakat, wenn es an einer Litfaßsäule hängt.
Dank großzügiger Förderung des HBK-Plakatstudiums durch die hiesigen Museen und der hier ansässigen Geschäftsstelle der DSR war es Jahr für Jahr einigen Studenten möglich, ihr gedrucktes Plakat im echten Wirkungsfeld der Litfaßsäule zu sehen und kritisch zu bewerten. Plakatschlappies waren nie dabei.

Plakat im Mediennetz

Gestaltungspraxis Mediennetz

Ein Mediennetz, bestehend aus Medien mit sehr unterschiedlichen Größen, Herstellungstechniken und Wirkungsfeldern, wird nur mit den Maßnahmen eines einheitlichen visuellen Erscheinungsbildes zu dem Instrument, mit dem sich zum Beispiel eine Kampagne wirkungsvoll inszenieren läßt, um sich gegenüber der Flut anderer Informationen durchzusetzen.

Die Grundstruktur, so angelegt, daß sich das Gestaltungskonzept ohne weiteres auf die verschiedensten Träger – hier Freistempel, Anzeige, DIN-A1-Plakate und Großflächen – übertragen läßt, wird in übergreifendes Ordnungsschema. Planloses Entwerfen oder ausgegrenztes, isoliertes Aufeinanderfolgen separater Einzelgestaltungen wird mit diesem Prinzip ausgeschlossen.

Das ermittelte technische Know-how aller Medien (Material und Technik) hat in der Gestaltungs- und Ausführungsphase stets verfügbar zu sein.

Durch seine Vielzahl visueller Konstanten erhält das Mediennetz ein unverwechselbares und gleichbleibendes Aussehen, womit Merkwert und Wiedererkennbarkeit in höchstem Maße gesichert sind.

Innerhalb des Mediennetzes sind es stets die konstanten Merk-

Aus dem HBK-Lehrbeispiel:
Planung vor dem Gestaltungsprozeß
1. *Analyse der Medien: Formate, Flächengröße, Wirkungsumfeld, Technische Prozesse*
2. *Sammeln aller Daten und Informationen, Schreiben der vollständigen Manuskripte wie der Copy, Verkehrsdaten etc.*
3. *Anlegen einer Matrix, aus der zu ersehen ist, in welchen Medien welche Informationen zu plazieren sind.*
4. *Erfassen aller Mediadaten, inklusive ihrer aktualisierten technischen Prozesse.*
5. *Ermitteln des Kostenrahmens und der Termine*

Eine vergleichende proportionale Darstellung aller Medien, hier Freistempel, 2spaltiges Zeitungsinserat, DIN-A1-Plakat und 18/1-Großflächenplakat in 8er-Teilung, ist neben anderen Fakten eine wesentliche Voraussetzung für den Planungs- und Gestaltungsprozeß.

Das Anlegen einer Matrix, in der für Auftraggeber wie für den Gestalter und alle anderen Beteiligten übersichtlich zu erkennen ist, in welche Medien welche Daten und Informationen aufzunehmen sind.
Grafik: Claudia Albrecht

Gestaltungspraxis Mediennetz **73**

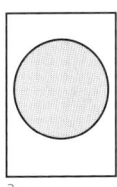

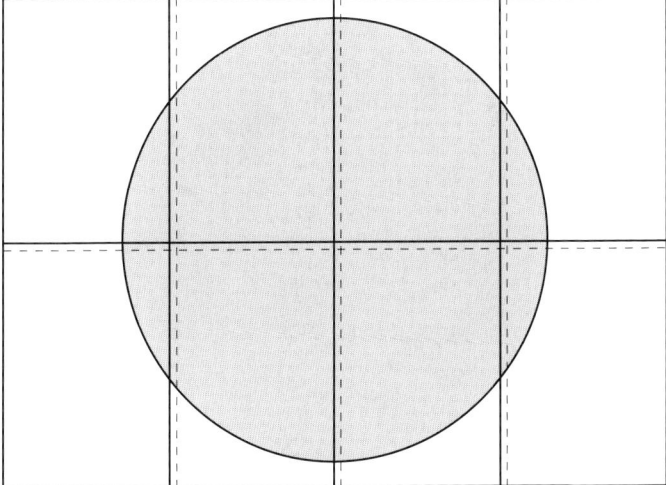

Inhalte	1 Freistempel	2 Anzeige	3 Plakat	4 Großfläche
»Tiere im Museum«	●	●	●	●
»Tiere aus ...«	○	●	●	●
»In unserer ständigen Ausstellung: ...«		●	●	●
Tierdarstellung	●	●	●	●
Aufzählung Museumsprogramm (s. Manuskript)		●	●	●
Signet (1 Piktogramm aus der eigenen Serie)	●	●	●	●
Staatliches Naturhistorisches Museum	●	●	●	●
Pockelsstraße 10 a	●	●	●	●
38106 Braunschweig	●	●	●	●
Telefon (05 31) 3 91 34 52		●	●	●
Öffnungszeiten		●	●	●
Eintritt frei		●	●	●
Impressum			●	●
Copy		●		
Coupon (Gesamttext s. Manuskript + Kontrollnr.)		●		

male, die permanent »Familienzugehörigkeit« demonstrieren. Die Variablen dagegen sorgen für Abwechslung und Unterscheidung.

Der Grafik-Designer eines einheitlich zu gestaltenden Mediennetzes sollte einen systematischen und analytischen Arbeitsstil haben und ein flächiges und räumliches Vorstellungsvermögen. Er sollte gründliche Kenntnisse über alle Wirkungsmöglichkeiten grafischer Elemente wie Fotografie, Zeichnung, Typografie und Farbe besitzen. Die ästhetischen Gesetze und Leistungen sollten ihm vertraut sein. Auch sollte er ein sicheres und aktualisiertes Wissen aller technischen Prozesse besitzen. Die gefundene Grundform muß sich in allen gegenwärtigen Medien anwenden und auf alle künftigen übertragen lassen.

Mediennetz, ein HBK-Lehrbeispiel

Das Thema:
Thema »Tiere im Museum«.
Die Aufgabe:
Eine Kampagne, bestehend aus zwölf Einzelmedien, ist als Mediennetz mit einer visuell einheitlichen Erscheinung zu gestalten.

4 Serien und Mediendaten:

Serie 1
3 Freistempel
45×30 mm, einfarbig rot

Serie 2
3 Anzeigen, Tageszeitung
92×180 mm, einfarbig,
schwarzweiß Vollton
plus zwei Tonwerten,
technischer Raster

Serie 3
3 Plakate DIN A1
594×841 mm, Hochformat.
Zweifarbig: schwarz mit einer Buntfarbe, jeweils Vollton plus zwei Mischtönen in zwei Helligkeitsstufen
oder
mit zwei Volltonbuntfarben, (z. B. Blau und Rot, wie beim Krebsplakat) plus zwei Mischtönen in zwei Helligkeitsstufen. Jeweils sind die Zwischentöne in technischem Raster anzulegen.

Serie 4
3 Großflächenplakate
356×252 cm, 18/1-Bogen
(8er Teilung),
in je etwa 890×1260 mm Bogen,
Farbe wie DIN-A 1-Plakate.

Die auf Seite 73 erwähnten Maßnahmen sind auch bei zunehmender Komplexität eines Mediennetzes die solide und übersichtliche Ausgangsbasis für den Entwerfer.
Die Horizontalgliederung ergibt vier Serien:
1. Freistempelserie
2. Anzeigenserie
3. Plakatserie
4. Großflächenserie
Die Vertikalgliederung A, B, C zeigt die Vernetzung nur weniger Medien.
Die Medien können einzeln, als Serie oder nach Erfordernis kombiniert werden. Das Kommunizieren eines jeden Mediums mit einem anderen im Mediennetz ist durch die visuelle Netzklammer der Konstanten problemlos möglich.
Grafik: Claudia Albrecht

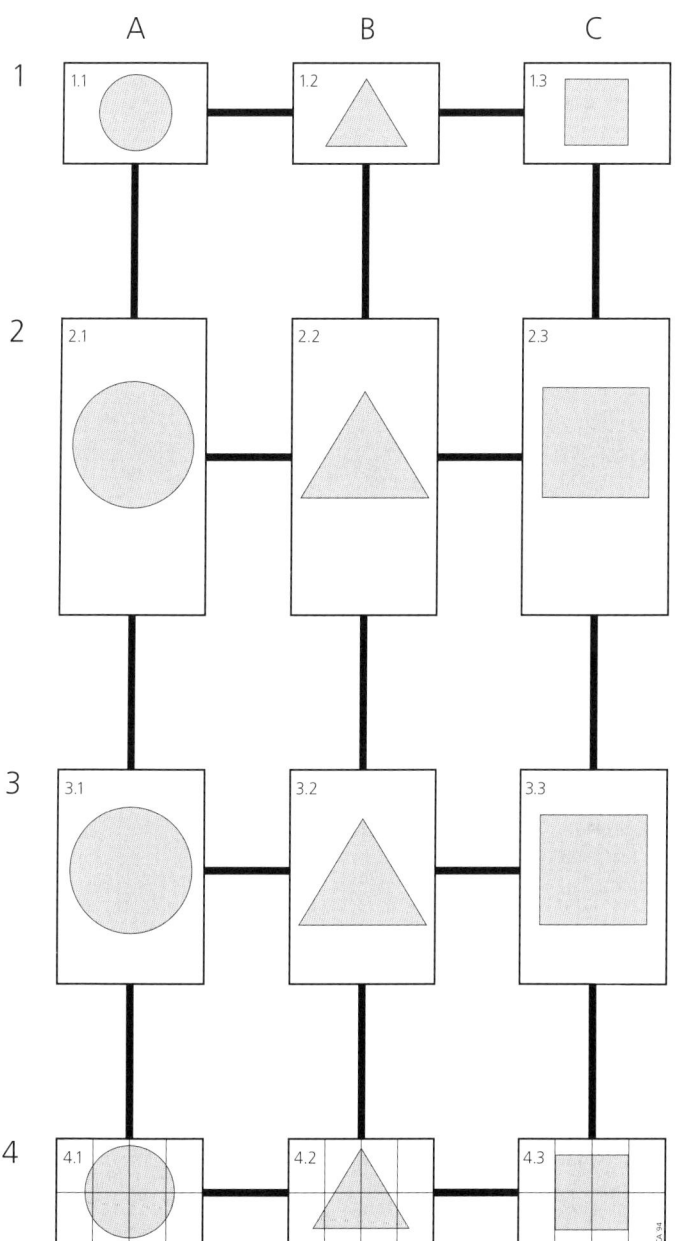

Konstante und Variable
Die charakteristischen und dominierenden Konstanten, an die sich der Betrachter bei wiederholtem und nur flüchtigem Blickkontakt erinnert, sind diejenigen, die auch in kleinsten Medien, zum Beispiel im Stempel oder Freistempel, verwendet werden wie:
- äußere prägnante Form, Gliederung, Bewegung, Funktion und Ausdruck der tragenden Botschaft (Schrift- oder Bildzeichen)
- ihre Anordnung im Medium
- ihre Gewichtung im Verhältnis zu allen anderen Elementen
- Farbe und Oberflächenstrukturen sind eine Bereicherung, als Merkzeichen und als Orientierungshilfe bleiben sie von sekundärer Bedeutung.

K = Konstante oder wesentliche visuelle Merkmale

K 1 Objektdarstellung
- Tiere aus Flüssen und Seen
- vergrößerte, angeschnittene Form, nur Kopf und oberer Rumpf sichtbar
- stilisierte Darstellung
- linksseitiger Lichtaufprall

K 2 Anordnung
- Diagonalstellung der Tiere von oben rechts nach unten links

K 3 Gewichtung
- eindeutiges Übergewicht der Tierdarstellungen
- der Größenkontrast läßt die Tiere im Verhältnis zur Schrift gigantisch erscheinen
- das Verhältnis zwischen bedeckter und unbedeckter Mediengrundfläche

K 4 Typografie-Konstante
- Schriftarten, -größen und -anordnung
- Satzart Flattersatz
- Anordnung des Signets

Variable
- Textumfang (Freistempel, Inserat, Plakat)
- Art der Texte, besonders zusätzliche Texte in der Anzeige
- Textanordnung der Verkehrsdaten in den Freistempeln abweichend

Variable Merkmale sind visuell austauschbar, wie:
- die Tierarten Flußkrebs, Libelle und Schildkröte
- die Medienformate Hochformat, Querformat
- Flächenausdehnung und Proportionen der Medien
- Farbenzahl, einfarbig und mehrfarbig
- Farbenart

Wechselnde Fächenstrukturen:
- Rasterfelder im Freistempel
- Rastertonwerte in Anzeigen
- Plakatfarben, Voll- und Zwischentöne
- Einfarbigkeit, Mehrfarbigkeit

Umfeld und Medien:
- Freistempel/Briefpost
- Anzeigen/Tagespresse
- Plakate/Straße und Umfeld

Das Mediennetz im präzisen Layout. Die Reinlayouts der Medien sind hier verkleinert dargestellt. Wesentliche und unwesentliche Merkmale sind deutlich (auch ohne die im Original verwendeten Buntfarben) auszumachen.
Grafik: Patricia Müller, HBK Braunschweig

Mediennetz, ein HBK-Lehrbeispiel 77

HBK-Plakatgalerie

Plakate für Braunschweiger Museen

In aller Welt gibt es »wunderschöne« Museumsplakate: große, vierfarbige, manchmal mit Gold und Silber und anderem Glanz versehen. Meistens sind es Fotos. Der materielle Aufwand ist in der Regel nicht gering, oft beachtlich. Es hat den Anschein, als ob die ausgewählten Motive und ihre Darstellungen rein nach museumsdirektoralen Kenntnissen über Plakate als Sammelobjekte, jedoch nicht nach den Krierien erfolgen, die für Plakate im Außenanschlag Gültigkeit haben.

Die Plakate der hier vorgestellten Braunschweiger Museen sind das Ergebnis einer einzigartigen kontinuierlichen Zusammenarbeit zwischen der Hochschule für Bildende Künste, den Museen und der hiesigen Geschäftsstelle der Deutschen Städte-Reklame.

Ziele des Plakatprojektes waren, ganz allgemein, die Popularität der Museen zu fördern, die Aufmerksamkeit des Bürgers und Besuchers auf bemerkenswerte (auch bisher unbekannte) Objekte zu richten, das Interesse zu wecken und zu wiederholten Entdeckungsbesuchen zu veranlassen sowie das Museums-Bewußtsein der Besucher zu erweitern, zu vertiefen und zu erhalten. Die Museen sollten den Bürgern und Besuchern dieser Stadt und ihrer Umgebung in grafisch-sympathischer Art offeriert werden.

Dieses Verfahren fand von Anfang an Anklang, denn hier gibt es für alle Beteiligten Erfolgsnutzen:
– Die Museumsobjekte in Plakatform animieren die Passanten. Sie erreichen auch Menschen, die sonst nicht ins Museum gehen. Die Bekanntheit nimmt zu, die Besucherzahlen wachsen.
– Die Studenten haben das Erfolgserlebnis ihres ersten gedruckten und an den Säulen präsentierten Plakates.
– Die Deutsche Städte-Reklame beweist erneut, daß ihre Säulen vielbeachtete Träger kultureller Ereignisse sind.

Die Plakate der HBK-Projektgruppen sind so angelegt, daß sie – obwohl relativ klein – an der Säule unübersehbar plakativ wirken. Die wenigen hier gezeigten Beispiele sind Zeugnisse für die Qualität aller Plakate.

Nur 14 Lehr- und Übungstage sind für Teilnehmer eines Plakatprojektes, in dem außer Plakaten auch andere Medien behandelt werden, vorgesehen. Zu einem späteren Termin wurden die Ausarbeitungen in ihrer Gänze präsentiert.

Die Museumsdirektoren und ihre Mitarbeiter erteilten den Grafik-Design-Studenten stets fachlichen Rat und ermöglichten auch finanzielle Hilfe. Die Studenten fertigten selbständig oder unter technischer Anleitung die Druckformen für Offset-, Sieb-

Christian Becker, 1993
Naturhistorisches Museum Braunschweig
Offsetdruck, zweifarbig
DIN A1

und Buchdruck an. Viele Plakate wurden in vorbildlicher Zusammenarbeit aller Beteiligten in den Druckwerkstätten der HBK hergestellt und der Öffentlichkeit von den Litfaßsäulen stadtweit präsentiert.

Mit geringem Aufwand Sehenswertes zu gestalten und damit große Wirkungen zu erzielen war unter anderem das Ziel jeder Plakat-Kampagne.

Hierzu sind Tausende von Plakatentwürfen im Laufe der Zeit für die Braunschweiger Museen in den Übungen entstanden.

Es entstanden Plakate mit einer großzügigen Flächengliederung und in beispielhafter Konsequenz in der Anwendung der grafischen Mittel. Das Gestaltungsmittel war fast ausnahmslos die stilisierte, zeichenhafte bis detaillierte und farbige Objektdarstellung.

Typisch für die Braunschweiger Arbeiten blieb die beabsichtigte und häufig erreichte starke Vereinfachung bis zur Annäherung an die Qualität eines Piktogramms. Die Anzahl der Farben wurde schon aus wirtschaftlichen Gründen gering gehalten. Ausnahmen bestätigen nur diese Regel. Bei dem Zwang zur größtmöglichen Sparsamkeit blieb lange Zeit der Linolschnitt für die Lehre die günstigste Art, eine Druckform herzustellen.

Obwohl die meisten Projekt-Plakate Erstgestaltungen sind, wurden sie durch Aufnahme in internationale Jahrbücher, Zeitschriften, Sammlungen und Ausstellungen mehrfach hervorgehoben. Sie wurden so einem internationalen Fachpublikum vorgestellt und ihr Erfolg auch auf diese Weise bestätigt. Diese wiederholten Anerkennungen waren für uns kein Anlaß zu behaupten, daß man, wie hier beschrieben und dargestellt, sozusagen nur nach »Braunschweiger Art« wirkungsvolle Plakate gestalten kann. Dokumentationen nationaler und internationaler Plakatkunst zeigen uns die beeindruckende Vielfalt neuer, ungewöhnlicher und überaus attraktiver und eigenwilliger Stilrichtungen .

Auch mit einfachsten Mitteln entstehen Plakate von unübersehbarer Qualität: das konnten wir unwiderlegbar und mehrfach beweisen. Die folgenden Seiten zeigen davon eine nur kleine, aber bemerkenswerte Auswahl.

Daß die Grafik-Design-Studenten der HBK ihre für die Museen entworfenen und von den Lehrmeistern Rudi Markgräfe und Paul Mergard gedruckten Plakate an den Litfaßsäulen in schöner Regelmäßigkeit angeschlagen sahen und somit im echten Straßenumfeld prüfen konnten, war der fortwährenden aktiven Studienförderung, besonders des Braunschweigischen Landesmuseums, des Staatlichen Naturhistorischen Museums und der Deutschen Städte-Reklame zu danken, die es ermöglichten. Lehre und Forschung so umfassend, wie es in Braunschweig geschehen ist, durchzuführen.

Seit seiner Emeritierung wird die Plakatforschung ab 1994 selbständig und aktiv und in Verbindung mit den Deutschen Städte-Medien und weiteren Institutionen von Prof. Grözinger fortgesetzt.

Heidrun Schulz-Mons, 1971
Braunschweigisches Landesmuseum
Linolschnitt, Buchdruck, mehrfarbig
70×50 cm

Sybille Schell, 1975
Braunschweigisches Landesmuseum
Linolschnitt, Buchdruck, mehrfarbig
50×70 cm

Günter Christiansen, 1975
Braunschweigisches Landesmuseum
Linolschnitt, Buchdruck, zweifarbig
50×70 cm

Herbert Tarrey, 1974
Braunschweigisches Landesmuseum
Linolschnitt, Buchdruck, dreifarbig
70×50 cm

Herbert Tarrey, 1974
Braunschweigisches Landesmuseum
Linolschnitt, Buchdruck, zweifarbig
70×50 cm

Grafik-Gruppe Bortfeld, 1972
Braunschweigisches Landesmuseum
Linolschnitt, Buchdruck, dreifarbig
70×50 cm

Peter Rank, 1974
Braunschweigisches Landesmuseum
Linolschnitt, Buchdruck, dreifarbig
70×50 cm

Holger Trull, 1982
Braunschweigisches Landesmuseum
Linolschnitt, Buchdruck, zweifarbig
70×50 cm

Klaus Bliesener, 1975
Braunschweigisches Landesmuseum
Linolschnitt, Buchdruck, dreifarbig
70×50 cm

Anne Schüler, 1982
Braunschweigisches Landesmuseum
Offsetdruck, dreifarbig
DIN A1

Anne Schüler, 1982
Braunschweigisches Landesmuseum
Offsetdruck, zweifarbig
DIN A1

Grafik-Gruppe Ausstellung, 1981
Braunschweigisches Landesmuseum
Siebdruck, dreifarbig
DIN A1

Heidi Kjär, 1982
Braunschweigisches Landesmuseum
Linolschnitt, Buchdruck, zweifarbig
50×70 cm

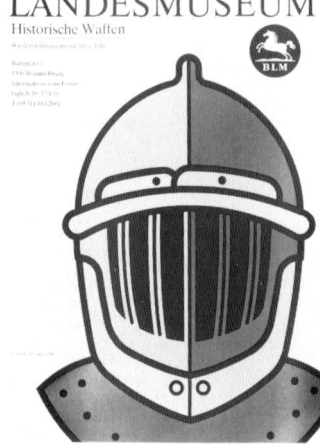

Marc Wittenberg, 1988
Braunschweigisches Landesmuseum
Offsetdruck, zweifarbig
DIN A2

Klaus Grözinger, 1987
Braunschweigisches Landesmuseum
Offsetdruck, einfarbig
DIN A1

Kathrin Porrmann, 1982
Braunschweigisches Landesmuseum
Offsetdruck, zweifarbig
DIN A1

Philip Grözinger, 1988
Braunschweigisches Landesmuseum
Offsetdruck, zweifarbig
DIN A1

Angela Mani, 1988
Braunschweigisches Landesmuseum
Offsetdruck, einfarbig
DIN A2

Angela Mani, 1988
Braunschweigisches Landesmuseum
Offsetdruck, einfarbig
DIN A2

Thomas Grigat, 1988
Braunschweigisches Landesmuseum
Linolschnitt, Buchdruck, einfarbig
50×70 cm

Claudia Albrecht, 1988
Braunschweigisches Landesmuseum
Linolschnitt, Buchdruck, einfarbig
50×70 cm

Thomas Schäfertöns, 1983
Naturhistorisches Museum Braunschweig
Linolschnitt, Buchdruck, dreifarbig
50×70 cm

Thomas Schäfertöns, 1983
Naturhistorisches Museum Braunschweig
Linolschnitt, Buchdruck, dreifarbig
50×70 cm

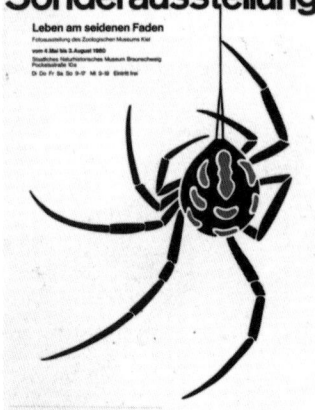

Angelika Otte, 1978
Naturhistorisches Museum Braunschweig
Linolschnitt, Buchdruck, vierfarbig
50×70 cm

Angelika Otte, 1980
Naturhistorisches Museum Braunschweig
Linolschnitt, Buchdruck, zweifarbig
50×70 cm

HBK-Plakatgalerie 87

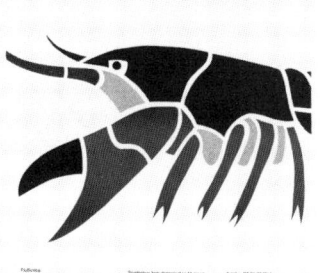

Siegfried Pielken, 1985
Naturhistorisches Museum Braunschweig
Linolschnitt, Buchdruck, zweifarbig
50×70 cm

Siegfried Pielken, 1985
Naturhistorisches Museum Braunschweig
Linolschnitt, Buchdruck, zweifarbig
50×70 cm

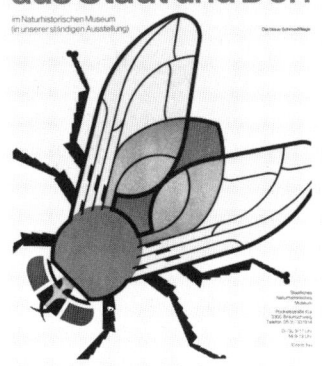

Detlef Grunau, 1985
Naturhistorisches Museum Braunschweig
Linolschnitt, Buchdruck, dreifarbig
50×70 cm

Mathias Reuper, 1985
Naturhistorisches Museum Braunschweig
Linolschnitt, Buchdruck, dreifarbig
50×70 cm

Frank Gehrke, 1991
Naturhistorisches Museum Braunschweig
Offsetdruck, zweifarbig
DIN A1

Wiebke Bosse, 1991
Naturhistorisches Museum Braunschweig
Offsetdruck, zweifarbig
DIN A1

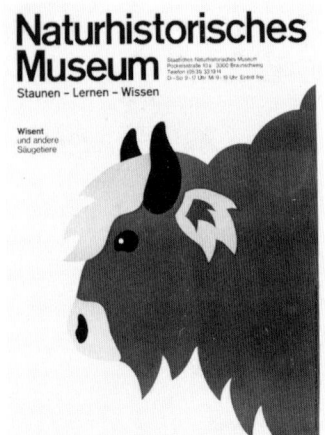

Jutta Schmidt, 1984
Naturhistorisches Museum Braunschweig
Linolschnitt, Buchdruck, zweifarbig
50×70 cm

Jutta Schmidt, 1984
Naturhistorisches Museum Braunschweig
Linolschnitt, Buchdruck, zweifarbig
50×70 cm

Matthias Weber, 1991
Naturhistorisches Museum Braunschweig
Offsetdruck, zweifarbig
DIN A1

Jörg-Uwe Argo, 1991
Naturhistorisches Museum Braunschweig
Offsetdruck, zweifarbig
DIN A1

Ruta Jonuschat, 1987
Naturhistorisches Museum Braunschweig
Linolschnitt, Buchdruck, zweifarbig
50×70 cm

Michael Colell, 1985
Naturhistorisches Museum Braunschweig
Linolschnitt, Buchdruck, dreifarbig
50×70 cm

Ina Schulze Steinen, 1993
Naturhistorisches Museum Braunschweig
Offsetdruck, dreifarbig
DIN A1

Holger Kappenstein, 1993
Naturhistorisches Museum Braunschweig
Offsetdruck, vierfarbig
DIN A1

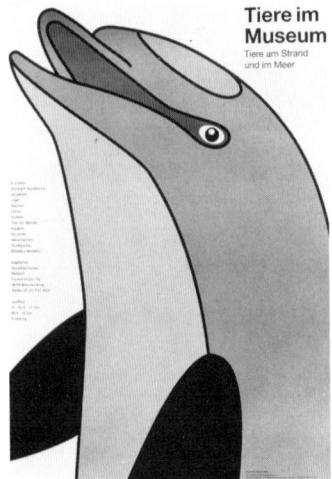

Mareike Gelberg, 1993
Naturhistorisches Museum Braunschweig
Offsetdruck, zweifarbig
DIN A1

Brigitte Findeiß, 1993
Naturhistorisches Museum Braunschweig
Offsetdruck, zweifarbig
DIN A1

HBK-Plakatgalerie **91**

Anke Dominik, 1986
Naturhistorisches Museum Braunschweig
Linolschnitt, Buchdruck, zweifarbig, 50×70 cm

Wolf-Dietrich Bosse, 1993
Naturhistorisches Museum Braunschweig
Offsetdruck, zweifarbig
DIN A1

Soenke Hollstein, 1993
Naturhistorisches Museum Braunschweig
Offsetdruck, zweifarbig
DIN A1

Angelika Otte, 1983
Naturhistorisches Museum Braunschweig
Offsetdruck, dreifarbig
DIN A1

Anhang

Plakatwettbewerbe

In bestimmten Zeitabständen finden nationale und internationale Plakatwettbewerbe statt, die Zielen dienen, die von Wettbewerb zu Wettbewerb abweichende Facetten aufweisen.

Stellvertretend für alle sind hier die vom Deutschen Plakat Museum in Essen für seine Triennalen verfaßten Ziele wiedergegeben:

»Diese Konkurrenz dient mehreren Zielen: Sie demonstriert Leistungsbereitschaft und Können der Grafik-Designer. Sie beweist die Lebenskraft eines traditionsreichen Mediums. Sie zeigt neue Tendenzen graphischer Gestaltung. Sie erlaubt Designern, ihre Gestaltungskonzepte zu überprüfen. Sie macht jüngere Talente erkennbar. Sie stellt auf neutraler Ebene Kontakte her zwischen Designern und einem breit gefächerten Publikum.

Letztlich liegt der Zweck des im olympischen Geiste stattfindenden Wettbewerbs darin, für ihren kreativen Beruf Freiräume zu erhalten und neu zu eröffnen. Mit ihren Beiträgen zu einer qualitätvollen Printkultur begeben wir uns auf den Markt der Meinungen über visuelle Kommunikation im allgemeinen und über das Gestaltungsmedium Plakat im besonderen.«

Die Auswahl treffen hochrangige Fachjuroren. Bei einigen Wettbewerben werden Medaillen oder andere Trophäen verliehen oder Geldpreise vergeben. Für viele Teilnehmer ist schon die Auswahl ihres Plakates zur Ausstellung und zum Katalog eine hohe Auszeichnung. Zur Teilnahme sind alle Informationen bei den Veranstaltern einzuholen, hier eine Auswahl:

Die 100 besten Plakate des Jahres
Zur Auszeichnung gelangen Plakate, die in Deutschland geschaffen, gedruckt und veröffentlicht wurden.
Informationen:
Verband der Grafik-Designer
e.V.
VGD
Rykestraße 2, 1
10405 Berlin
Tel. 0 30 / 4 41 13 13
Fax 0 30 / 4 41 13 15
Zwei Exemplare von jedem Plakat. Es werden Teilnahmegebühren erhoben.

Lahti Poster Biennale
Das Ziel der Plakat-Biennalen in Lahti ist, Künstlern, Kunstkritikern und dem Publikum Bestrebungen und Leistungen der heutigen Plakatkunst vorzustellen und die internationale Zusammenarbeit zu fördern. Als Teilnehmer an den Plakat-Biennalen in Lahti werden Plakatkünstler aus der ganzen Welt eingeladen.
Informationen:
Lahden taidemusea
PL 113, SF Lahti, Finnland
Tel. 358 / 18 / 8 18 22 33
Fax 358 / 18 / 8 18 24 69
Höchstens 4 Plakate pro Teilnehmer

The International Poster Biennale in Warsaw
Informationen:
Office Poster Museum
in Wilanów ul. Wiertnicza 1
02-958 Warszawa (Warschau),
Polen
Tel. und Fax 4822 / 42 26 06

Primera Bienal Internacional del Cartel en México
Internationale Plakat-Biennale in Mexiko, Teilnahmeberechtigt sind Designer, Bildende Künstler, Fotografen und Grafiker, gleichgültig welchen Alters und welcher Staatsangehörigkeit.
Informationen:
Trama Visual A.C.
Fuente de la Vida 30,
Fuentes del Pedregal, México
14140 D.F.
Tel. 652.9143/652.4939
Fax 655.6155
Pro Teilnehmer maximal vier Plakate

Triennale
Deutsches Plakat Museum Essen
Die besten Plakate aus Deutschland, Österreich und der Schweiz.

Informationen:
Deutsches Plakat Museum
Rathenaustraße 2
45127 Essen
Tel. 0201 / 88 41 14
Fax 0201 / 88 54 39
Es werden Teilnahmegebühren erhoben.

Quellen:

Arnhiem, Rudolf
Anschauliches Denken
Köln, 1977

Bartsch, Gerhard
Print & Production
6 / 1989

Bartsch, Gerhard
Media Plakat 1990
Wiesbaden, 1990

Birkigt, K. und Stadler, M. M.
Corporate Identity
Landsberg, 1980

Cohen, Amos S.
Wahrnehmung von
Verkehrszeichen
1987

Deutsche Städte-Reklame
DSR
Frankfurt
Informationsschriften zur
Außenwerbung

Dexel, Walter
Neue Reklame (1925)
Düsseldorf, 1987 (Reprint)

Erke, Heiner
Regeln für die Koordination
von Verkehrszeichen
1987

Fachverband
Außenwerbung FAW
Informationsschriften zur
Außenwerbung
Frankfurt

Dohmen, Jochen
Der Plakatanschlag im
Media-Mix
Karlsruhe
Format Nr. 51,
September 1974

Gut, Gerhard
Handbuch der Lichtwerbung
Stuttgart, 1974

Himmels, Gerd und
Peters, Dieter
contrast plakat servis
Plakatwerbung in
Deutschland
Bergisch-Gladbach, 1991

Michael Huber
München GmbH,
Farbenfabriken,
Informationsschrift
über Papier
und Druckfarben, speziell
Plakatfarben
München

Kast + Ehinger
Druckfarbenfabrik,
Mitteilungen zum Thema
Lichtbeständigkeit
der Drucke
Stuttgart

Kroeber-Riel, Werner
Plakatwerbung: Kreativität
ohne Kontrolle
Frankfurt, 1987

Mellinghoff, Frieder
Deutsches Plakat Museum
Essen

Mourau, Henri
A. M. Cassandre,
Plakatmaler, Typograph,
Bühnenbildner
München, 1985

Anhang **95**

Müller-Brockmann, Josef
und Shizuko
Geschichte des Plakates
Zürich, 1991

Partridge Delia Ann
Museumsplakate
novum gebrauchsgraphik
10/83 und 10/86

Rotzler, Willy
Kurzgeschichte der
Graphischen Kunst,
aus "Who's in Graphic Art"
Dübendorf (Schweiz), 1982

Ruegg, Rüedi und
Fröhlich, Gerd
Typografische Grundlagen
Zürich, 1989

Zankl, Hans Ludwig
Erfolgreich plakatieren
Düsseldorf, 1969

Zentralausschuß der
deutschen Werbewirt-
schaft (ZAW)
Werbung in Deutschland
1993
Bonn, 1993

Designernachweis:

Claudia Albrecht
[Seiten 13 oben, 19 beide,
39 alle, 69, 73, 75,
85 unten rechts]
Breite Straße 15
38100 Braunschweig

Jörg-Uwe Argo
[Seite 89 oben rechts]
Mozartstraße 1A
38106 Braunschweig

Christian Becker
[Seite 79]
Ludwigstraße 19
38106 Braunschweig

Klaus Bliesener
[Seite 82 unten rechts]
Wiesenstraße 12
38279 Sehlde

Wiebke Bosse
[Seite 88 oben rechts]
Spitzwegstraße 4
38442 Wolfsburg

Wolf-Dietrich Bosse
[Seite 91 unten links]
Hagenring 84
38106 Braunschweig

Sybille Freifrau von dem
Bussche (geb. Schell)
[Seite 81 unten links]
Rittergut Masendorf
29525 Uelzen OT. Masendorf

Günter Christiansen
[Seite 81 unten rechts]
Georg-Hallmaier-Straße 4
81369 München

Michael Colell
[Seite 89 unten rechts]
Warburgstraße 7
20354 Hamburg

Anke Dominik
[Seite 91 oben]
Luisenweg 7
20537 Hamburg

Brigitte Findeiß
[Seite 90 unten rechts]
Wiesenweg 22
38527 Meine

Frank Gehrke
[Seite 88 unten links]
Hahrwiesenweg 4
38704 Liebenburg

Mareike Gelberg
[Seite 90 unten links]
Hamburger Straße 283
38114 Braunschweig

Grafik-Gruppe Ausstellung
[Seite 83 unten links]
(s. Prof. Klaus Grözinger)

Grafik-Gruppe Bortfeld
[Seite 82 Mitte links]
(s. Wolf-Dieter Greuel)

Wolf-Dieter Greuel
Leysathbogen 15 A
22119 Hamburg

Thomas Grigat
[Seite 85 unten links]
Leopoldstraße 7 b
38100 Braunschweig

Prof. Klaus Grözinger
[Seiten 7, 84 oben rechts]
Händelstraße 1
38106 Braunschweig

Philip Grözinger
[Seite 84 unten rechts]
Händelstraße 1
38106 Braunschweig

Detlef Grunau
[Seite 87 unten links]
Kritenbarg 15 A
22391 Hamburg

Oliver Hartmann
[S. 35 unten links]
(s. Prof. Frank Köhler)

Kathrin Haupt
(geb. Porrmann)
[Seite 84 unten links]
Berliner Straße 6
30966 Hemmingen

HBK-Plakatprojektgruppe
[Seiten 35 oben,
35 unten rechts]
(s. Prof. Klaus Grözinger)

Herrmann Hoffmann
[Seite 7]
Kasernenstraße 21
38106 Braunschweig

Soenke Hollstein
[Seite 91 unten rechts]
Leopoldstraße 6
38100 Braunschweig

Ruta Jonuschat
[Seite 89 unten links]

Holger Kappenstein
[Seite 90 oben rechts]
Südstraße 25
38100 Braunschweig

Heidi Kjär
[Seite 83 unten rechts]
Strecknitzer Tannen 14
23562 Lübeck

Prof. Frank Köhler
[Seite 35 unten links]
Brockenblick 1
38302 Wolfenbüttel

Angela Mani
[Seite 85 oben beide]
Krossener Straße 7
10245 Berlin

Patricia Müller
[Seiten 45, 63, 64, 65 alle,
67 alle, 70, 77 alle]
Gebhardstraße 46
76135 Karlsruhe

Angelika Otte
(s. Angelika Reuter)

Siegfried Pielken
[Seite 87 oben beide]
Hahnenkleestraße 13
38122 Braunschweig

Kathrin Porrmann
(s. Kathrin Haupt)

Peter Rank
[Seite 82 Mitte rechts]
Goldkoppel 9 a
22119 Hamburg

Mathias Reuper
[Seite 87 unten rechts]
Broitzemer Straße 251
38118 Braunschweig

Angelika Reuter (geb. Otte)
[Seiten 86 unten beide, 92]
Derentaler Straße 10
37603 Holzminden-Neuhaus

Kay-Uwe Rohn
[Seite 47 beide]
Humboldtstraße 7
38106 Braunschweig

Thomas Schäfertöns
[Seite 86 oben beide]
Bogenstraße 23
20144 Hamburg

Sybille Schell
[s. Freifrau von dem Bussche]

Jutta Schmidt
[Seite 88 unten beide]
Sauerbruchstraße 73
38116 Braunschweig

Anne Schüler
[Seite 83 oben beide]
Spessartstraße 19
60385 Frankfurt

Heidrun Schulz-Mons
[Seite 81 oben]
Sensburger Ring 103
31141 Hildesheim

Ina Schulze Steinen
[Seite 90 oben links]
Friedrich-Wilhelm-Straße 32
38100 Braunschweig

Corinna Senftleben
[Seite 7]
Mittelweg 83
38106 Braunschweig

Christina Storch
[Seite 45]
Cyriaksring 41
38118 Braunschweig

Herbert Tarrey
[Seite 82 oben beide]
Steinkamp 16
38104 Braunschweig

Holger Trull
[Seite 82 unten links]
Scharnhorststraße 2
38104 Braunschweig

Matthias Weber
[Seite 89 oben links]
Madamenweg 58
38118 Braunschweig

Marc Wittenberg
[Seite 84 oben links]
95 Fernhead Rd.
London W9 3EA
Großbritannien

Fotonachweis:

Claudia Albrecht, Braunschweig: Seiten 13 unten, 18, 27 unten; Ulrich Becker, Braunschweig: Seiten 7, 20, 21, 22, 23, 28, 29, 43; Kathrin Buhl, Braunschweig: Seiten 52, 53; Degesta City Light Poster, Frankfurt/M.: Seite 49 alle; Prof. Dr. Heiner Erke, Braunschweig: Seite 27 oben; Fachverband Außenwerbung (FAW), Frankfurt/M.: Seite 37; HBK-Foto, Braunschweig: Seite 27 Mitte; Patricia Müller, Karlsruhe: Seite 45; Kay-Uwe Rohn, Braunschweig: Seite 47 beide; Veronika Werner, Braunschweig: Seiten 30, 31, 71